古典復筆新

沙林傑

·最後的訪談·

The Last Interview

J. D. Salinger

and Other Conversations

大衛·史崔佛 編輯
David Streitfeld

劉議方 翻譯

目次

INTRODUCTION

序

大衛・史崔佛（David Streitfeld）

「一名作家的宿敵是另一名作家。」

——沙林傑[1]

在美國文學界，沙林傑就如同《綠野仙蹤》裡的奧茲國巫師。人們爲了見上沙林傑一面，跋涉數日，希望他能治癒他們的苦痛。但就像巫師一樣，沙林傑的法力並非無邊，他能爲那些書迷做的，他們自己也做得到。

---

1 引用自沙林傑妻兄蓋文．道格拉斯（Gavin Douglas）之轉述，湯瑪斯．貝勒（Thomas Beller）所著《沙林傑：落跑藝術家》（*J. D. Salinger: The Escape Artist*）。

即便你冒險前往新罕布夏州的科尼許鎮[2]拜訪他的山頂隱居小屋，如果你去的時候是個蠢蛋，那你離開時依然會是個蠢蛋。

沙林傑的傳奇在一九六〇年代初期扎下了根，當時美國帝國正處鼎盛，邁向進步與啓蒙，人人滿懷希望，而《時代》（*Time*）雜誌不僅主持了這場文化盛宴，也貫徹了這波文化。有一天，《時代》雜誌的編輯們陷入了一個令人費解的問題：沙林傑這個人是怎麼一回事？爲什麼他要抗拒媒體的懷抱？他有什麼毛病？現在正是那頭神話野獸——偉大美國小說以及美國小說家擔任英雄、聖人、救世主的巔峰時刻，沙林傑卻沒有盡到他的職責。《時代》雜誌於是展開了一場大規模事實調查行動——簡單來說就是派出一個又一個私家偵探團隊——挖掘沙林傑的秘密，雜誌向讀者保

2 科尼許鎮（Cornish）：新罕布夏州的鄉間小鎮。沙林傑自一九五三年起便定居於此，直至過世。

證，不會「過度」損害他的隱私。他們每次都這樣說。

《時代》雜誌的專文〈愛與死亡的私密世界〉（“A Private World of Love and Death”）發表於一九六一年九月十五號，花個二十五分美元，隨處都能買到。文章的基調在第一段已經確定，一開篇想當然耳引述了《麥田捕手》（*The Catcher in the Rye*）的內容：霍爾頓想在樹林裡建造一間小屋，讓他能假裝自己是「那些聾啞人的其中一個」，這樣一來他就「不必和任何人進行任何該死的白痴無用對話。」隨後，這篇《時代》雜誌的文章描述了沙林傑這位林間隱士所居住的山屋。「不久前，」文章講述道，「當他和他的家人不在時，幾個鄰居再也受不了那個了，他們穿上吊帶褲，攀過快兩公尺高的圍籬，到那一探究竟。」

等一下，停。那些鄰居無法忍受的「那個」，驅使那些可能守法的人們非法闖入他人住處的「那個」是什麼？「那個」是指無法得知他們無權知道的生活細節嗎？還是沙林傑的怪脾氣、他的鄙視？《時代》雜誌並沒有明說，但「那個」證明是一股強大力量，在這四十年來驅使了愛八卦的鄰居、爛記者、好記者、虔誠粉絲，以及純粹好奇的人上山探訪。前往山頂朝聖的人數，就算沒幾千少說也有幾百，這些人帶回來的報導，無論內容是成功造訪，或更常有的敗興而歸，皆幫助樹立了現代小報文化的模式，在此模式中，媒體甚至大眾對於探知名人的渴望槓上了名人不被人知的權利。雖然最後的贏家已毫無懸念，假如當初沙林傑被逼得張貼標語，嚴令抑或懇求：「禁止打獵、設陷阱、釣魚，或任何非法侵入行為」，這場仗好歹一時之間會出奇地難分軒輊。

《時代》雜誌後來終於向研究學者們分享了其存檔，從這些檔案可以看出該雜誌對沙林傑沒完沒了的追查。其中一位特派記者的電報稱：「我們追到一條線索，或許終於能打開沙林傑先生的小女孩秘戀之櫥。」記者們循線找到了西貝爾（Sybil）的原型人物，也就是被廣喻爲最爲完美卻極其難解的短篇小說之一的〈抓香蕉魚的大好日子〉（“A Perfect Day for Bananafish”）當中，男主角西摩（Seymour）結識的小女孩的參考原型。結果，這位原型人物完全不願意承認此事。另一名特派記者告訴編輯：「J女士試圖表現得很淡漠……她不記得自己在哪認識沙林傑的，也不記得他長什麼樣。那麼，她是否否認自己於孩童時期在佛羅里達認識了他？她吸了一口菸，好像在掙扎應該提出哪種抗辯。『是的，』她小心翼翼地說，『我想我確實否認此事。』」

諸如此類的挫折挑起了《時代》雜誌編輯群的滔天怒氣。《時代》雜誌表示：「那位作家本人就是假消息的來源之一，」並指出《法蘭妮與卓依》（*Franny and Zooey*）書封簡介上的沙傑林自我描述，「他含糊其辭地誆騙說：『我和我的狗住在西港[3]。』但黑暗的眞相是，他多年來都不住在西港，也沒有養狗。」

幾週後，《時代》雜誌帝國旗下的《生活》（*Life*）雜誌刊出了他們自己的報導：〈爲什麼沙林傑要躲起來？〉（"Why is Salinger Hiding?"）。這篇文章的配圖是一大張沙林傑家圍欄的照片，在那張照片的底部，柵欄和地面之間的小縫隙中，潛藏著《生活》雜誌大膽推斷的「那隻家犬」。二十五年後，伊恩．漢米爾頓（Ian Hamilton）撰寫了沙林傑第一本傳記，他指出了其中的矛盾之處，並評論道，別的姑且不論，至少沙林傑應該會又惱又喜，美國最有影響力的兩家新聞雜誌無法在他是否有養狗一事上達成共識。

---

3 西港（Westport）：美國康乃狄克州的海邊小鎮。

漢米爾頓本人則敗給了這位隱士。《沙林傑：寫作人生》（*J. D. Salinger: A Writing Life*）內容嚴謹且簡短，但這位傳記作家犯了一個錯，他引用了沙林傑生動活潑的書信，而這些信件受著作權保護。毫不意外地，沙林傑一路將漢米爾頓告到了美國最高法院，而且同樣毫不意外地勝訴了。但像往常一樣，沙林傑為勝利付出了很高的代價。他越是想保護自己，就越有人煩擾他，結果可想而知：人們編造採訪、出售他的信件、向記者爆料、盜印他的作品。正如他曾經寫信給一位自己追求的女性說：「當個成功的人就是當個失敗的人。」

如果一個人太常站出來捍衛自己的隱私，那麼他就會失去隱私，這個概念教給了堂．德里羅（Don DeLillo）等藝術家一課。德里羅一九九一年出版的小說《毛二世》（*Mao II*）的靈感取自某期《紐約郵報》封面頭版上的照片，照片中，面容憔悴的沙林傑正要襲擊兩名在停車場跟拍的攝影師。[4]《紐約郵報》下的標題是：「逮到麥田捕手了。」

德里羅觀察到：「如果一個作家不露面，他便會被視爲上帝衆所周知不願現身的局部徵兆。」而德里羅向記者交出了夠多的自己，所以當他出門買雜貨時，他們都不會來煩他。

要對付這種無休止的猛攻，沙林傑的唯一武器就是他可以看穿人心。若你以仰慕者的身份接近他——而且是眞心實意地仰慕他——他可能會與你交談，或回覆你眞誠的書信，而那次短暫的邂逅可能會改變你的一生。若你作爲一個挖獨家新聞的寫手，接近他是爲圖一己私利，那麼你可能會吞下很多惡果，可能永遠吞不完，儘管沙林傑知道他自己也會不好過。正如小說家們經常做的，他預料到了自己的命運。

4 編按：該照片攝於一九八八年，沙林傑神色憤怒地舉起右手敲打車窗，試圖阻止躲在車內拍攝的狗仔隊。

他說：「我知道我是一個奇怪、孤傲的人，我會爲這種態度付出代價。」

本書中的選文就像是時空膠囊。從一九五〇年至一九八五年左右，所有尋找沙林傑的人能經手的資訊都非常有限，而最終，人們免不了發現這些資訊當中，有些是捏造出來的，或至少是有誤導性的。本書中的幾則報導除了一些明顯的文法或印刷錯誤外，皆按最初發行的內容印出。撰寫最後兩篇文章的喬安娜·史密斯·拉科夫（Joanna Smith Rakoff）和羅傑·拉斯貝瑞（Roger Lathbury）皆曾與沙林傑交談，但他們的敘述甚至連籠統地稱作訪談都不行。這兩篇文章猶如樂章的尾聲，是兩份由用其他方式進入沙林傑要塞的人所撰寫的私密報告。

有句玩笑話流傳已久：可以將收集來的沙林傑訪談文章標題下成〈滾出我的草坪〉。因爲他從不接受採訪。人們總是這樣說，就連沙林傑自己也這樣說。

伊恩．漢米爾頓在開始撰寫沙林傑傳記時，曾詢問他能否接受採訪，他很清楚沙林傑不會接受採訪，但沒想到竟得到他的激烈回應：

就我相當難以言喻的痛苦經驗而言（正如你可能已經猜想到的），如果你們都決心按照自己的方式行事，我想我不能阻止你或蘭登書屋，但是，雖不值一提，我還是覺得必須告訴你，我認為我已承受了一生中能承受的所有隱私剝削和損失。

沙林傑的話聽起來很像肥皂劇台詞，或者說像是瘋言瘋語，但他是在說實話。有史以來第一次，本書獨家刊出沙林傑訴訟證詞的公開部分（第二部分不公開），其中包含了以下這段，揭露了內情：

卡拉基[5]：在過去的二十五年裡，有沒有其他人要求您接受採訪？

沙林傑：喔，有。

卡拉基：那您有接受任何人的採訪嗎？

沙林傑：在我知情的情況下嗎？沒有。

卡拉基：你曾經在不知情的情況下接受過任何人的採訪嗎？

沙林傑：很顯然，有的。

5 羅伯特·卡拉基（Robert Callagy）爲訴訟中被告方蘭登書屋的律師。

我試著想像著沙林傑說這話時一臉苦笑，但他應該笑不出來。無論如何，他的說詞並不完全正確。《麥田捕手》於一九五一年出版時，他與友人威廉・麥斯威爾（William Maxwell）爲《每月選書俱樂部書訊》（*Book-of-the-Month Club News*）進行了交談，儘管稱其爲採訪有點牽強，但這是唯一一次沙林傑的話被直接引用。

兩年後，他曾與十六歲的雪莉・布萊尼（Shirlie Blaney）談話，儘管當時情況如何至今仍有爭議，正如與沙林傑有關的事常常都有爭議。布萊尼——總是被描述爲金髮、活潑、有魅力——後來告訴《生活》雜誌，她過去常常和其他青少年一起去沙林傑家參加派對。他們會聽唱片、喝可樂、吃洋芋片。沙林傑總是安安靜靜地觀看著一切。他那時是在腦中構思他的下一本小說，還是只是享受其中？布萊尼不確定。

布萊尼當時是一名學生記者，某個爲當地報紙《克萊蒙特老鷹日報》

（*Claremont Daily Eagle*）撰寫每月專欄的團體成員之一。但在新罕布夏州鄉下並沒有多少新聞，所以當她在街上看到沙林傑時，她便詢問他可否提供自己一些「能夠寫成報導的題材」。當然可以，他回答道。布萊尼和一個朋友便將沙林傑帶進了冷飲店，問了他很多問題，並寫了一篇讓《老鷹日報》滿意到放進了社論版面的文章。沙林傑讀完該文章後，就再也沒有和布萊尼說過話，或邀請那些青少年到他家。他架起高大的圍欄，結婚了。

以上是布萊尼的說法。沙林傑可能是對那篇文章中多處錯誤感到困擾，或是文章裡面稱他「長得像外國人」（代表「猶太人」的意思），讓他很在意，或者最有可能的是，那篇文章的存在本身就讓他很困擾。或許，沙林傑的感受是因某件事而更加強烈：大衛．席爾茲（David Shields）與夏恩．薩雷諾（Shane Salerno）共著之權威性傳記《永遠的麥田捕手沙林傑》（*Salinger*，2013）指出，他和布萊尼那個時候正在交往。沙林傑當時已三十出頭。如果是現在，父母會打電話報警吧。

那股背叛感一直留在他心中。到了一九七八年，溫莎高中（Windsor High School）學生報紙的編輯想要重新刊出那篇文章，他寫信給沙林傑以徵得同意，結果收到了一張回覆的便條，上面稱該採訪報導「根本是一篇欺騙、操縱、剝削和扭曲事實的文章」。（先別管事實上沙林傑非版權所有人，實際上也無法授予許可。）另一方面，布萊尼結婚並搬走了，甚至試圖採訪沙林傑宇宙中每一個人的席爾茲及薩雷諾也無法與她講上話。

這不是沙林傑最後一次愛上女人。和那個時代的很多男人一樣，他的弱點是女人，越年輕越好。貝蒂．埃普斯（Betty Eppes）出身貧困，在南方鄉下長大，高中從未畢業，又曾有一段早婚經歷，並育有三子；然而，她的雄心和才能足以使她改變自己的身份，先是成爲頂尖的網球運動員，接著又成爲網球專欄作家，最後變成了《巴頓魯治倡導報》（*Baton Rouge Sunday Advocate*）的專題作家。一九八〇年，埃普斯萌生採訪沙林傑的想法，當年她四十歲，但看起來比實際年齡年輕得多。和以往那些朝聖者們不同，埃姆斯沒有找上沙林傑尋求啓示。她以他的作家名望作爲誘餌，結果造成了一場對所有相關人士而言的災難。

由埃普斯所撰，難以一見的沙林傑採訪原文在本書中重新刊出，是一篇可信的文章。與前網路時代的大多數新聞一樣，文章沒有揭示內幕，即埃普斯欺騙沙林傑與她會面。她寫了一張紙條給他，說她是有抱負的小說家，認爲寫作「太難了」，想和他談一談。她補充道，她有一雙綠色的眼睛和一頭紅銅色的頭髮，會開一輛天藍色的福特平托。她沒有提到爲報紙寫文章的事，也沒有提到她會錄音。

沙林傑準時出現了。他說：「我作爲一個作家，來這見另一個作家。」

這就是爲什麼他願意回答有關寫作的問題，但不會回答其他任何問題。這篇文章後來落到了《巴黎評論》（*The Paris Review*）編輯喬治·普林頓（George Plimpton）手裡，埃普斯眞正的麻煩便源於此。普林頓是個喜歡惡作劇的人，他誤以爲埃普斯才二十多歲，因此他將這篇文章改寫成一篇強調她少女氣質的第一人稱文章：

> 我知道沙林傑看到錄音機會被嚇到，但我也知道，在試圖和他說話的時候，當著他的面塗塗寫寫很荒唐。所以我想：算了，我要把錄音機塞進長袖毛衣下面的襯衫裡。但這樣很難看起來不像畸形。我想，天哪——我可不希望沙林傑覺得我的胸部是方形的。所以最後我把錄音機從我的襯衫袖子塞到腋下，用我的手臂和身體夾住。我想，只要我可以夾緊手肘，一切都會很順利。

這篇訪談〈我去年夏天做了什麼〉（"What I Did Last Summer"）刊登於一九八一年夏季的《巴黎評論》中。普林頓大肆宣傳了這篇文章，稱其爲《巴黎評論》對沙林傑的完整專訪，是他給後代的終極訊息。這篇報導比之前刊登在報紙上的那篇傳播得更廣。和往常一樣，這位不想發言的小說家因發言受到了指責。傳記作者保羅·亞歷山大（Paul Alexander）寫道：「有人可能會爭辯說，他赴約是因爲他知道埃普斯會將那次的會面寫下來，而那會爲他帶來宣傳效果。」

有些讀過這篇文章的人則站在沙林傑這一邊。「這是我遇過最沒新聞倫理的例子之一，」路易斯安那州立大學英文系助理教授沃·艾斯特（Warren Eyster）在埃普斯自己服務的《巴頓魯治倡導報》上寫道，「沙林傑應該要給她鼻子一拳，再讓她吃上官司。」

埃普斯表示，她當時眞的差點就要被揍一拳了。《巴黎評論》的那篇報導最後提到，一位當地人看到沙林傑與埃普斯交談，於是決定自己也要向他攀談。他甚至試圖和沙林傑握手。沙林傑很顯然地被惹火了，隨即轉身指責埃普斯。

多年後，埃普斯抱怨：「沙林傑那時的言語鞭笞在我看來很不得體。」接著她透露：「但比起他後來發現我錄下我們的對話而爆發的言語風暴，那算不了什麼。他擺出要動粗的架勢，用他顯然認爲會恐嚇我的語言，要求我把錄音帶交給他。當我拒絕時，沙林傑似乎眞的很震驚。」《巴黎評論》的報導中則一點也沒提到這件事。

埃普斯於一九九〇年停止爲《巴頓魯治倡導報》撰稿。她搬到了哥斯大黎加，然後在戀情變調時又搬回來。她在部落格上寫道，她希望當她的前伴侶「回到他的祖國（一個以蘋果聞名的國家）後，他吃的每一顆蘋果都會在他的肚子裡變成一個火坑，燙到讓但丁的地獄看起來如同小茶燭的燭火般溫和。」至於將她的報導改得很俗艷的普林頓，她似乎也希望差不多的事降臨到他身上。

埃普斯在部落格中寫了幾篇涵義隱晦的留言，再次改寫了她與沙林傑的那段邂逅，這次她聲稱他們相遇後發展出一段比她之前暗示的還要更長久、更深入的關係。「他常打給我，我的文章刊出後，他也曾打給我，」她寫道。她也堅稱自己再次見到了他：「每次和沙林傑見面都證實他是一個複雜又難相處的人。」又或許他真的只是想要那捲錄音帶：「他多次叫我把錄音帶交給他處理，但我拒絕了，這使我們熟稔的關係變得緊張，但沒有因此毀掉。」

這一切可信度多高？「總有一天，我會全部說出來，」埃普斯說，「只是時候未到。」現在她七十多歲了，她已多年未更新她的部落格，也沒有回覆我的電子郵件。和布萊尼一樣，她也隨著沙林傑遁入沉默。這個女人做了這麼多，結果就是使得沙林傑更加渴望清靜無擾，對她來說，也許這是命運最適切的安排了。埃普斯與沙林傑訪談完六個月後，馬克·大衛·查普曼（Mark David Chapman）開槍射殺約翰·藍儂（John Lennon），稱《麥田捕手》是他的「宣言」。從那時起，任何出現在沙林傑家門口的不速之客，無論是何等大美女，都沒機會見到他。

太可惜了。從很多方面來看，沙林傑似乎是一個親切的人——當然，他非常敏感，但這並不是作家最嚴重的罪過，也不是最不尋常的。每個想不費力就駁倒沙林傑的記者，都會引用《麥田捕手》中的一段話，也就是若能在讀完一位作家的書後打給他是多麼棒——然後指出，沙林傑命令他的經紀人銷毀所有書迷來信，而不是轉寄給他。但這是那些記者強加在他身上的觀點。即使他退出了出版界，他仍繼續閱讀懷抱希望的年輕人寫來的信，有時甚至會回信。

例如，他曾寫了封和藹的信給一位高中生，拒絕了她所提出在她畢業典禮上演說的請求，但附上了特別爲她寫的「專屬小畢業演講」。他希望她「無論高中畢業後接下來要做什麼，都會度過一段美好、愉悅、計畫周全、有助益、快樂的時光，」並補充道，「在我看來，（妳）所有機會眞的是一流的。」他還給出一個非常沙林傑式的評論，說他覺得作家向畢業生們發表演講這個主意相當令人反感：「在任何一張詳盡列出我們這個時代的災難及禍害清單中，發表言論的作家絕對應該要被排在很前面的位置。」

現在，是時候進入我和沙林傑的故事了。任何一九七〇年代在東岸度過少年時代的人都會接觸到沙林傑。這是一種成年儀式，就像失去童貞、第一次呼大麻或學開車一樣。如果你的高二英文課也指定選讀《麥田捕手》，那你可能和我一樣，也曾好幾個禮拜都隨身帶著那本亮面深紅色書封的矮腳雞（Bantam）出版平裝書，想從中讀出什麼頭緒。青少年時期是令人沮喪的十年，而沮喪的霍爾頓比他的任何讀者都更糟，這給了他們一些安慰。

在用最深奧的沙林傑語體寫了一兩本未出版的小說後，我最終進到了《華盛頓郵報》。那時沙林傑是當代文學和生活背景的一部分。我的朋友艾倫・米爾克里特（Allan Milkerit）是一位能力傑出的書探，有一次，天知道他從哪裏得到一份沙林傑簽署的支付航船旅行費用合約。沙林傑把他的電話號碼寫在上面，我立刻抄了下來。後來好幾年，他的電話號碼一直放在我的皮夾裡隨身攜帶，如果哪天有人發現我失去知覺的話，我的緊急聯絡人就會是沙林傑。

我也曾和《紐約客》的長期小說編輯威廉・麥斯威爾會面，部分原因是我對沙林傑很好奇。沙林傑寫完《麥田捕手》後，就開車到麥斯威爾在鄉下的家中，花了一個漫長的下午和晚上，把它大聲念給這位編輯和他的妻子愛蜜莉聽。我曾經到麥斯威爾位於曼哈頓的公寓拜訪他，那裡很寬敞，如此寬敞的空間，現在除了對衝基金經理人之外，沒人能負擔得起。我當時站在書架前漫不經心地凝視著，這時我的左臂開始不由自主地抬起，挑出了一本《麥田捕手》，背面有沙林傑的照片，並標明是初版。上面的題字寫著：「致比爾——如果沒有你，我無法做到，愛你，傑瑞。」或類似的話。我把那本書放回架上，隨意地夾在一本托爾斯泰和一本屠格涅夫的書之間。我到現在有時都會想，不知道那本《麥田捕手》在麥斯威爾死後怎麼樣了。被扔進了垃圾桶？傳到某個親戚手中，塞進閣樓的箱子裡？那本來會是終極收藏版的《麥田捕手》，價值達美金六位數，毫無疑問。

麥斯威爾對很多事都閉口不談，對沙林傑的事也是，一部分是因爲他知道沙林傑不喜歡被人談論，但有件事他會分享：有次，一位《紐約客》核稿編輯表示，某則沙林傑的短篇小說裡需要加一個逗號，麥斯威爾同意了。由於故事即將出版，沒有時間了，便沒有聯繫知會沙林傑。而當沙林傑看到刊登出的小說時，他並沒有生氣，但更糟糕的是：他很憂傷。麥斯威爾說他從中記取了一些教訓。

也許沙林傑當時正在等待某個人的出現，某個業餘人士——和他本人一樣，極度注重細節，對作品懷著崇敬之心。終於，一九九六年，這個人出現了：喬治梅森大學英文系教授羅傑·拉斯貝瑞。在本書中，他也分享了自己的故事。拉斯貝瑞經營著一家小型出版社，他想重印沙林傑發表的最後一篇小說〈哈普沃茲一六，一九二四〉（"Hapworth 16, 1924"）。這是一則發表於一九六五年，由七歲的西摩·格拉斯（Seymour glass）[6]所講述，篇幅兩萬六千字的故事。沙林傑同意讓拉斯貝瑞重印。沙林傑這個人從不允許以選集重印他的任何小說，且在網路興起時關閉了一個網站，讓他的讀者再也無法任意以《麥田捕手》引文開啓他們的一天，此外，即使在他的早期作品被盜印後，他也拒絕將那些作品收集成冊，但他竟會決定爲自己的四本經典著作再加上一本，實在讓人吃驚。

拉斯貝瑞試圖隻字不提，但他太誠實了，掩蓋不了此事。一九九六年十一月十五日的《華盛頓商業周報》（*Washington Business Journal*）刊登了一篇報導，這則報導以當地出版社成功拿下沙林傑著作的角度切入撰寫。那時，新聞傳播速度較慢，任何一家會關心這起沙林傑獨家新聞的媒體，都要隔好一段時間才看得到這則當地商業報導。那本重印小說若是如

6　即〈香蕉魚的好日子〉（"A Perfect Day for Bananafish"）之男主角。

期在一九九七年一月一日出版——沙林傑的七十八歲生日——這書本該不會激起波瀾。出版日卻錯過了，事情總是如此陰錯陽差。

當時我在《華盛頓郵報》的出版線擔任記者，一份讓我在文學中生活和呼吸的工作。我設法追查那則《華盛頓商業週報》獨家新聞，寫了一封信給沙林傑，也打電話給他的經紀人。但我兩次的努力都沒有產生任何結果。一月十二日，我在我的圖書專欄中刊出一篇簡短的報導，談論沙林傑新書出版懸而未決的情況，我的編輯們意識到這是個大新聞。我打了通電話給拉斯貝瑞，並在一月十七日寫了一則完整的文章。然後，事情大條了。世界各地的媒體紛紛跟進報導此事。幾週後，文學評論家角谷美智子[7]在《紐約時報》上給出致命一擊。她將〈哈普沃茲一六，一九二四〉

7 角谷美智子（Michiko Kakutani）：知名書評家，爲日裔美國人，曾獲得普立茲獎。

當作一本已出版的書發表了書評，稱其爲「一個難以下嚥、不合情理的故事，而且很遺憾地，這個故事完全沒有魅力。」後來，〈哈普沃茲一六，一九二四〉雖從未正式取消出版，但就是一直沒出版。

我爲此怪罪自己，而非角谷。《華盛頓郵報》的立場也是如此，二〇一〇年沙林傑去世後，刊出了一則關於拉斯貝瑞的報導，其中指出，我的文章「擊中了沙林傑並破壞了這樁事。」

我想，我沒有通過沙林傑純正書迷測試。我打給拉斯貝瑞的時候，他說一九六五年〈哈普沃茲一六，一九二四〉問世時，他拜讀過那篇作品。

他說：「我覺得那是眞的。」

眞的？

「那個故事。那個故事裡面說的。那個主角說得對。」

難怪沙林傑會應允他重印。〈哈普沃茲一六，一九二四〉將普通的沙林傑書迷從眞正的死忠書迷中區分開來。我個人是無法欣賞這個故事，甚至無法讀完它。我會讀完一句，意識到我不記得我讀過的內容，然後重頭開始：

我現在告訴你，就在這一刻，請在你的記憶中一個完全不憂鬱的地方，未雨綢繆地儲藏這件事：直到我們結束生命的那一刻為止，會一直有無數的傢伙，就連只是看到我們赤裸的臉出現在他們的視野，他們也會在心中怒火翻騰，生起徹底的敵意。請注意，我說的是我們的臉，無關於我們古怪且經常令人反感的個性！如果我沒有在自己短暫的人生歲月中看到它發生了太多數百次，感到令人作嘔的沮喪，那麼這件事有其相當幽默的一面。然而，我希望隨著我們繼續突飛猛進地改進和完善我們的性格，每天努力減少普遍的蠻橫無理、表面上的自負和過多該死的情緒，還有其他幾個已經爛得透頂的特質，我們將在人類同胞的心中對抗和激發更少的殺戮，無論是實質上還是聲望上的。

如果我當初知道會有這樣的後果，也許我的手會停下，拉斯貝瑞的計畫會持續保密，那本書也會出版。我將我的失敗當作離開的信號。我不久後便放棄了文學相關報導寫作，搬到了西岸，這又是一個沙林傑重塑他人人生的例子。

沙林傑曾在一篇生平簡介中寫道：「所有作家進棺材的時候，皆一半是奧利佛・退斯特[8]，一半是相反的瑪麗[9]。」我認爲這句話的意思是，作家沒有做你認爲他們應該做的事情，有時甚至會做違背自身利益的事情，但無論他們有多自負、多懦怯或多成功，他們渴望的都會更多、更多又更多。暢銷書排行榜第一名的作家想要得普立茲獎，諾貝爾獎得主則希望街頭巷尾處處都看得到他的書。

生命走到了盡頭的沙林傑，就像手動打字機一樣成爲古董。文學作家再也無法造成沙林傑幾十年來毫不費力激起的那種失控情緒。沒有人想要跟蹤去年廣受讚譽的新小說家。一個原因是，如果你轉到確切的網路頻

---

8 即英國作家狄更斯名作《孤雛淚》之主角奧利佛・退斯特（Oliver Twist），其姓名中之「Twist」有「扭曲、轉折」之意，作者以此暗指主角多舛的命運。書中有一橋段是奧利佛被孤兒院其他孩子推派去和院長要更多粥，結果卻因此受到懲罰，被趕出了孤兒院。

9 相反的瑪麗（Mary Quite Contrary）典故源自英國傳統童謠〈Mary, Mary, Quite Contrary〉（瑪麗、瑪麗眞對立），Mary 指的是英國女王瑪麗一世（Mary I），而 Quite Contrary 則是暗指她在宗教上與其父持對立立場，並在上位後打壓新教、復興舊教一事。

道，你會發現作家們不斷地播送，透過推特讓我們知道他們對於最近發生的暴行的看法，並在臉書上分享他們如何發現了一個很棒的美式肉餅食譜。一個永遠都在的人是很難讓人渴望的。

但從另一方面來看，流行文化仍然滋生著痴迷的粉絲。他們不但沒有被驅逐到文學系統之外，反而現在還是其重要的組成部分。史蒂芬·金（Stephen King）《苦難》（*Misery*）中的瘋狂崇拜者安妮·威爾克斯（Annie Wilkes）從車禍中救出她最喜歡的小說家，將他囚禁，這樣他就可以創作出她想要的作品，她已經從恐怖人物進化爲粉絲的榜樣。一切粉絲說了算。

如果沙林傑還在世，他會厭惡這樣的發展。他甚至不允許用他的作品改編電影（除了早期一部拙劣的改編作是例外），更不用說允許同人小說讓霍爾頓和聾啞人上床，或最後和聾啞人在一起。這曾是一種純粹主義的態度——創造者就是上帝——如今卻是一種非常孤獨的態度。

然而，如果說沙林傑是一個愛唱反調又渴望更多的人，他心中像是奧利佛難滿足的那一面最終得到的，可不只是滿足的成就。這位作家二〇一〇年逝世是這個時代最大的文壇事件，至少直到二〇一五年發現哈波・李（Harper Lee）的《梅岡城故事》（*To Kill a Mockingbird*）遺失手稿，才又造成另一陣文壇大轟動。

在這兩個案例中，天才作家皆因封筆而成爲傳奇。對於一些旁觀者來說，沙林傑的歸隱行爲勝過發表的作品。評論家史蒂芬・凱斯勒（Stephen Kessler）曾寫道：「事實證明，沉默是沙林傑職涯上最高明的一舉，也是最有趣的創作，」並補充說，這位作家「透過他的隱身性，成功地使自己成爲一個幾乎不朽的文學人物。」

有個例子，可以讓你理解沙林傑如何讓自己脫離敘述者的角色：沙林傑死後，國家公共廣播電台（National Public Radio）想找出一段他的聲音來播放，卻找也找不到。

現在到山頂造訪沙林傑小屋已經沒有意義，他所留下的就只剩他的作品了。你雖無法聽到他真正的聲音，但他在文學作品中的聲音一讀就能認出來，且仍然具信服力：

> 當你死了，他們才真的會把你安頓好。我希望我死的時候，會有人夠明智，把我扔到河裡什麼的。怎樣都行，就是不要把我關進該死的墓地。星期天人們會來把一束花放在你的肚子上，還會講那些廢話。誰死了還要花？沒有人。[10]

---

10 摘自《麥田捕手》。

他如願以償了。有個可讓你找到親人安息地、名為Find A Grave（找到墓穴）的網站，將沙林傑列為「安葬地：未知」。

"THE COMPENSATIONS ARE FEW, BUT WHEN THEY COME, IF THEY COME, THEY'RE VERY BEAUTIFUL."

「寫作能得到的回報很少，不過當回報到來，如果回報到來，是很美好的。」

威廉．麥斯威爾（William Maxwell）撰
《每月選書俱樂部書訊》（*Book-of-the-Month Club News*）
一九五一年七月

傑羅姆・大衛・沙林傑（Jerome David Salinger）於一九一九年一月一日出生於紐約市。就現居於紐約市的人而言，成年後搬來來的人和土生土長的人之間存在著一條鴻溝，因爲在紐約市度過童年是個特別的經驗。其中一個原因是，紐約市的地標對於在紐約出生長大的人而言，蘊含著不同的意義。沙林傑小時候會在紐約市公共建築的台階上玩耍，外地人一眼就認得出那些建築物，沙林傑卻永遠都不知道那些建築物的名字。他會在中央公園（Central Park）騎自行車，甚至曾掉進湖泊[1]。幾乎被奉爲神級百貨公司的梅西百貨（Macy's）及金寶百貨（Gimbel's）對沙林傑來說，仍舊代表著聖誕節的玩具販賣部。而公園大道（Park Avenue）

---

1 編按：此處的湖泊（Lagoon）指的應是位於中央公園東南側，與廣場飯店隔街相對的那座池塘。《麥田捕手》裡主角曾敍述：「我住在紐約，我想念中央公園的湖泊，它就位在公園的東南角。」（"I live in New York, and I was thinking about the lagoon in Central Park, down near Central Park South."）

對他而言，則是在假期開始時，搭計程車到中央車站（Grand Avenue）的行經通道。

由於沒有相反的積極證據，因此可以合理地假定人的任何藝術才能皆是與生俱來。儘管如此，要使才能發揮作用，還是需要一些東西。對於一個作家而言，我認爲要讓他的才能發揮出來，需要的是一個處境，一個超出他所能期許面對的處境。沙林傑十五歲時被送進軍校，不怎麼令人意外地，他厭惡那裡。他開始在晚上上床後窩在被子裡，在手電筒的照明下寫故事。從那之後，他一直在寫作，不斷地寫作，而且他經常在不方便的地方寫作，像是十分陰暗、寒冷的學校宿舍。

他從軍校畢業後，上過大學，或者可以說——上過幾所大學；但他沒有讓大學的課程妨礙他自行從事的專業作家研究，有時課程規劃和他的計劃不謀而合，他便能夠參與寫作課程。其他學生直奔龐大的命題：生與死。沙林傑對題材的選擇總是很樸實，而他總是以工匠般的技巧處理他的題材。

在讀大學期間，沙林傑的父親送他去歐洲待了一年，讓他學習德語，並為一家出口波蘭火腿的公司寫廣告。那是快樂的一年。他在維也納與一個奧地利家庭同住，學了一些德語，即便沒有學到太多出口生意的事，也對人有了很多了解。最後他到了波蘭，在一段短暫時間內，每天凌晨四點鐘和一個男人出門買賣豬隻。雖然他討厭這件事，但是所有經驗對於小說家而言，不管是否令人愉悅，都有其價值。他寫了信給美國的多家雜誌社，將自己的作品也寄了過去——然後，他徹底學會了要如何才能不介意寄出去的原稿被退回到自己手上。

入伍後，一開始沙林傑白天在一所地面學校為空軍學員改考卷，晚上寫作，那時每晚他都會寫作。接著，他為俄亥俄州代頓（Dayton）的航空勤務司令部撰寫宣傳文宣，在此期間，他會用他的三日離營通行證去一家飯店寫小說。一九四三年底，他被調到美國陸軍防諜隊。後來，他加入了陸軍第四步兵師，在諾曼第登陸日登陸法國，而在餘下的戰爭歲月，他作爲兩名負責第十二步兵團安全的特務之一，繼續在第四步兵師服役，並歷經了五次戰役。

沙林傑現在住在康乃狄克州西港一間租來的房子裡，養了一隻名叫本尼的雪納瑞犬作伴，以及分散他的注意力，沙林傑說，牠從以前到現在都一直是隻非常汲於討好的狗。沙林傑總共發表了大約三十篇小說。透過其中三篇的標題，可以了解這些作品與其他任何人的小說完全不同，以及它們某種程度上的本質：〈抓香蕉魚的大好日子〉、〈與愛斯基摩人交戰前夕〉（“Just Before the War with the Eskimos”）和〈致艾絲美——獻上愛與齷齪〉（“For Esme — With Love and Squalor”）。

《麥田捕手》原本是一部九十頁的中篇小說。這個版本於一九四六年完成，出版社願意出版，但作者不滿意，決定重寫。重寫的成品是一本能成冊的長篇小說，內容更豐富、更有深度、更主觀和更具探究性。若說一個小說家寫得像福樓拜（Gustave Flaubert）並沒有什麼意義，既然福樓拜以《包法利夫人》（*Madame Bovary*）締造了西方現代小說，一個小說家無論如何大概不可能寫得不像福樓拜，但要說一個小說家像福樓拜那樣工作（沙林傑就是這樣）卻是意義非凡：付出無限的努力、無限的耐心，且對他所寫內容之技術性層面投入無限思考，而這些在最終定稿中卻不一定會顯現出來。這樣的作家死後會直接上天堂，他們的書不會被遺忘。

「大約一年前，」沙林傑表示，「有人邀請我到莎拉勞倫斯學院（Sarah Lawrence College）的短篇小說班演講。我去了，我很享受這一天，但這件事我不會想再做一遍了。那時我講的話變得很晦澀難懂、很文謅謅。我發現我給所有自己尊敬的作家冠上了稱號。（湯瑪斯・曼在其爲《城堡》寫的序言中稱卡夫卡爲「信仰虔誠的幽默作家」。我永遠不會原諒他。）當一個作家被要求談論他的寫作技巧時，他應該站起來高喊他喜歡的作家的名字。我愛卡夫卡、福樓拜、托爾斯泰、契訶夫、杜思妥也夫斯基、普魯斯特、歐凱西[2]、里爾克[3]、羅卡[4]、濟慈、蘭波[5]、伯

---

2 西恩・歐凱西（Seán O'Casey）爲愛爾蘭劇作家，知名作包含《槍手的影子》（*The Shadow of a Gunman*）、《朱諾與孔雀》（*Juno and the Paycock*）和《犁與星》（*The Plough and the Stars*）。

3 萊納・瑪利亞・里爾克（Rainer Maria Rilke）爲德語詩人，《時間之書》（*Das Stunden-Buch*）爲其最知名之詩集。

4 費德利可・加爾西亞・羅卡（Federico García Lorca）爲西班牙詩人，《吉普賽故事詩》（*Romancero gitano*）爲其最著名詩集。

5 讓・尼古拉・阿蒂爾・蘭波（Jean Nicolas Arthur Rimbaud）爲法國詩人，《地獄一季》（*Une Saison en Enfer*）爲其最知名之詩集。

恩斯[6]、艾蜜莉・勃朗特、珍・奧斯丁、亨利・詹姆斯、布萊克[7]、柯勒律治[8]。我不會喊出任何在世作家的名字。我不會喊出任何在世作家的名字。我不認爲這是對的。我認爲寫作的人生很艱苦。但寫作帶給了我足夠的快樂，因此我認爲我不會故意勸阻任何人從事寫作（如果他有才華的話）。寫作能得到的回報很少，但當回報到來時，如果回報到來，是很美好的。

6 羅伯特・伯恩斯（Robert Burns）爲著名蘇格蘭民族詩人。
7 威廉・布萊克（William Blake）爲英國浪漫主義詩人。
8 塞繆爾・泰勒・柯勒律治（Samuel Taylor Coleridge）爲英國浪漫主義詩人。

51 「寫作能得到的回報很少，不過當回報到來，如果回報到來，是很美好的。」

"IT WAS A GREAT RELIEF TELLING PEOPLE"

「能告訴人們是一大解脫。」

雪莉・布萊尼（Shirlie Blaney）採訪

《克萊蒙特老鷹日報》（*The Claremont Daily Eagle*）

一九五三年十一月十三日

溫莎高中一九五四級的雪莉·布萊尼小姐在準備最近的學生版《老鷹日報》時，於溫莎鎮[1]的一家餐廳發現了暢銷書《麥田捕手》的作者傑羅姆·大衛·沙林傑。最近在科尼許鎮買了房子的沙林傑先生接受了本報記者的採訪，以下為訪談內容。

著有多篇文章及《麥田捕手》等數本小說的作家沙林傑接受了本報採訪，並與我們分享了他有趣的人生故事。

雖然沙林傑先生才搬來這裡幾年，他已是所有高中生非常好的朋友，且他也有不少年長的朋友。他很常獨處，只想一個人靜靜地寫作。三十四

---

1 溫莎鎮（Windsor）：美國佛蒙特州的城鎮，與沙林傑居住的新罕布夏州科尼許鎮僅一河之隔，兩地爲緊密的生活圈，沙林傑經常前往較爲熱鬧的溫莎鎮採買、用餐。

歲的他身材高大，長得像外國人，是個討喜的人。

一九一九年一月一日，傑羅姆．大衛．沙林傑出生於紐約。他在紐約念公立小學，但是之後進了弗吉谷軍事學院[2]，在賓夕法尼亞州度過中學時期，這段時間他一直在寫作。接著，他進入了紐約大學（New York University）讀了兩年書。

沙林傑先生隨他的父親到波蘭學做火腿運輸的生意，他無心學做生意，但學了德文，算是有所收穫。

之後，他到了維也納，但待了十個月就回國，進入了烏爾辛納斯學院（Ursinus College）。不過由於對該校的學業缺乏興趣，他在中年級時休學，去了哥倫比亞大學。而在這一整段時間裡，他仍然不停寫作。

2 弗吉谷軍事學院（Valley Forge Military Academy and College）：位於賓夕法尼亞州的私立寄宿學校和軍事初級學院。

沙林傑先生的第一篇作品發表於二十一歲。他爲《星期六晚郵報》（*Saturday Evening Post*）、《君子》（*Esquire*）、《小姐》（*Mademoiselle*）及其他刊物撰了兩年稿。後來，他在西印度群島的康斯宏姆遊輪上擔任表演藝人。他當時仍在爲雜誌和大學刊物撰稿。二十三歲時，他被徵召入伍，在軍隊待了兩年，他厭惡軍旅生活，因爲他想投入所有的時間在寫作上。

他於一九四一年開始創作長篇小說《麥田捕手》，並於一九五一年夏天完成。這是每月選書俱樂部[3]精選的當月圖書，後來以袖珍書形式出版。

這本書探究了一個青少年心中的苦惱。當被問及這本書是否有任何自傳的成分，沙林傑先生說：「有點吧，我寫完這本的時候大大鬆了口氣。

3 每月選書俱樂部（Book of the Month Club）：成立於一九二六年，每月向其會員提供五到七本精選的新精裝書。該俱樂部幫助了許多新秀作家順利開啓職業生涯。

我的少年時期與書中男孩的非常相似，能告訴人們是一大解脫。」

大約兩年前，他決定來到新英格蘭。他來到這一區，非常喜歡這裡，於是在科尼許鎮買了他現在住的房子。

他未來的計劃包括去歐洲和印度尼西亞。他會先去倫敦，也許是爲了拍一部電影。

他的作品之一〈康州甩叔〉（*Uncle Wiggly*）已經被改編爲電影《一廂情願》（*My Foolish Heart*）。

他所寫的小說，約有七成五是關於二十一歲以下的人，有四成是關於十二歲以下的少年。

他的第二本書是一本選集，收錄了他一開始發表於《紐約客》的九則短篇小說。

J. D. SALINGER SPEAKS ABOUT HIS SILENCE

沉默已久的沙林傑開口了

拉西・福斯伯格（Lacey Fosburgh）採訪
《紐約時報》（*The New York Times*）
一九七四年十一月三日

由於未收錄成冊的早期作品遭人未經授權出版，被惹毛的隱世作家J·D·沙林傑上週打破了二十多年來的沉默，公開發表譴責，並透露他正在努力創作，但這些作品可能在他有生之年永遠不會發表。

五十五歲的沙林傑在他新罕布夏州科尼許鎮的家接受了電話採訪。一九六三年問世的《抬高屋梁吧，木匠；西摩傳》（*Raise High the Roof Beam, Carpenters and Seymour: An Introduction*）是他最近期出版的作品，沙林傑表示：「不出版會得到一種美妙的平和。那是一種安寧的狀態。很平靜。出版是對我的隱私的嚴重侵犯。我喜歡寫作。我熱愛寫作。但我寫作只是爲了自己以及自娛。」

一九五一年《麥田捕手》出版後，沙林傑獲得了文壇名望和狂熱崇拜，他的難以接近更是讓他的名望及人們對他的狂熱崇拜更上一層樓。他本來打算「只談一分鐘」，不過之後他用了近半小時談論他的作品、對隱私的執著，以及對出版的含糊想法。

沙林傑在此次訪談中時而熱情迷人，時而謹慎不安，據信他上一次接受採訪是在一九五三年，當時採訪他的是一名十六歲的科尼許鎮當地高中學生報代表人。

沙林傑今日之所以願意開口發言，要歸因於《沙林傑未收集的短篇小說全集》（*The Complete Uncollected Short Stories of J. D. Salinger*）第一卷和第二卷的出版，他認爲這是他的私人世界所面臨最嚴重的一次侵擾。採訪當天，據沙林傑描述，科尼許鎮正値寒冷、風雨交加的夜晚。

綜合沙林傑和他的律師，以及全國各地書商的估計，在過去的兩個月裡，這兩本書已售出約兩萬五千冊，每冊售價三至五美元——首先是在舊金山上架，然後是紐約、芝加哥和其他地方。

「有些故事被偷了，那是我的資產，」沙林傑說，「有人盜用了我的著作。這是非法行為。這不公平。好比說你有一件喜歡的外套，有人伸手進你的衣櫥偷走那件外套。我的感覺就是如此。」

那兩本選集中的作品，是沙林傑於一九四〇至一九四八年間為《星期六晚郵報》、《科利爾》（*Collier's*）和《君子》等雜誌撰寫的短篇小說，其中包括兩則關於《麥田捕手》中痛苦而敏感的主人翁考菲爾德（Holden Caulfield）的故事。

這些早期作品預示了沙林傑之後的作品主題，其內容聚焦於孤獨的年輕士兵和吃蛋黃的男孩、微笑「可愛而尷尬」的女孩，以及永遠不會收到信的孩子。

一位舊金山的書商說：「那兩本十分熱銷，每個人都想要。」《麥田捕手》每年銷售量仍然達二十五萬冊，然而這兩本未經授權出版的平裝書所收錄的內容，迄今卻只能在大型圖書館的雜誌檔案中找到。

沙林傑談到這些短篇小說時說：「那些作品是我很久以前寫的，我從來沒有打算出版，我希望它們自然地死去。」

他表示：「我並不想隱藏我年輕時的拙劣。我只是認為那些作品不值得出版。」

據報導，自去年四月以來就有數名自稱來自加州柏克萊，叫作約翰．格林柏格（John Greenberg）的男性以每本一點五美元的價格，親自向各書店兜售《沙林傑未收集的短篇小說全集》第一卷和第二卷。有關他們的敘述，每個城市各有不同。

其中一位書販告訴紐約市哥譚書坊（Gotham Book Mart）的經理安德烈亞斯．布朗（Andreas Brown），他和他的同夥不認為這門未經授權的生意會令他們惹上麻煩，因為正如布朗先生所言：「無論如何，他們總能與沙林傑的律師協商，並保證不再這樣做。」

布朗先生將這個年輕人描述爲「嬉皮、知識份子、典型的柏克萊學生」，他表示：「我問他，他們爲什麼要這樣做，他說自己是沙林傑的書迷，並認爲應該要讓大家都買得到這些短篇小說。」

「我問他，他覺得沙林傑會有什麼感覺，他回答：『我們認爲如果我們讓這些書夠吸引人，那他就不會介意了吧。』」

哥譚書坊拒絕販賣他的書，並知會沙林傑留意這些未經授權的出版品。

沙林傑表示自己仍擁有這些短篇小說的版權，他說：「這件事眞的很氣人。搞得我非常煩躁。」

沙林傑的其中一位紐約律師尼爾．夏皮羅（Neil L. Shapiro）稱，未經作家沙林傑授權而出版或出售這些著作違反了聯邦版權法。

上個月，對於「約翰．格林柏格」及包含布連塔諾書店

（Brentano's）在內的十七家當地書店，沙林傑向聯邦地區法院提出了民事訴訟，指控其違反了版權法。

這位作家正在尋求至少二十五萬美元的懲罰性賠償和禁制令。此後，這些書店被禁止再銷售那些未經授權出版的沙林傑著作，且夏皮羅先生表示，對於每一本售出的書籍，他們還可能需要支付四千五百至九萬美元的損失賠償金。夏皮羅也說，他們正在計劃針對其他地方的書店採取額外的法律行動。

那位神秘的出版商和他的同夥仍然逍遙法外。

「令人驚訝的是，執法機關似乎對此無能爲力，」沙林傑說，「如果你閣樓裡又髒又舊的床墊被偷了，他們找得著。但爲什麼他們甚至沒有著手尋找這個人。」

沙林傑在談到反對再版他的早期作品時說，那些作品是在他初次致力成爲作家的起步時期的成果。他說當時他發了瘋似地寫作，「一心想（讓自己的作品）刊登在雜誌上」。

突然間，他打斷了自己。

他說：「這與格林伯格這個人沒有任何關係，我仍在努力保護我保留的隱私。」

多年來，多家報紙和全國性雜誌都曾派人到沙林傑在科尼許鎮的農舍，但只要在街上有記者接近他，他便會轉身就走，且據報，如果有朋友和記者談論他，他便會和那些朋友絕交。這幾年來有不少文章披露他的信箱、上街採買的東西及隱居生活，但就是沒有採訪報導。

但上週，他回應了在紐約的經紀人桃樂絲・奧爾丁（Dorothy Olding）當天稍早轉傳給他的採訪邀約。

他是否預計很快就會出版下一部著作？

他停下來想了一下。

沙林傑說：「我眞的不知道會多快。」接著他又停頓了一下，然後開始急促地說他每天寫了多少，花多長時間寫作，他說他沒有與任何人簽訂下一本書的合約。

他說：「我不一定打算在死後才出版作品，但我確實喜歡為自己寫作。我為這種態度付出了代價。大家覺得我是一個奇怪、孤傲的人。但我所做的只是試圖保護我自己和我的工作。

「我只想讓這一切停止。這很擾人。我挺過了很多事情，」他在訪談快結束時說道，「這次我或許也能挺過去。」

TEN MINUTES WITH J. D. SALINGER

與沙林傑共度的十分鐘

一名英文老師在經歷惡劣的道路、防禦心強的當地人，以及惡犬與獵槍的威脅後，如何獨家採訪到這位當代英文課程裡的傳奇隱士。

葛雷格．赫里格斯（Greg Herriges）撰
《Oui雜誌》（*Oui Magazine*）*
一九七九年一月

*《Oui雜誌》（*Oui*）：原為法國成人色情雜誌，後由花花公子（PLBY Group）引進美國。雖然是成人雜誌，但亦刊載明星八卦以及流行文化的文章。二〇〇七年停刊。

五、六〇年代的高中英文課上，在透明片投影機風扇的嗡嗡聲和老師聲調平板的講課聲中，有一片綠洲。在從屬子句和垂懸分詞組成的陰暗灰濛背景之上，出現了一部眞正與學生切身相關且光彩照人的小說：麥田捕手。從二戰結束後到披頭四崛起前，這部小說拯救了當時正進入青春期的那一代人。這本書不朽的主人公霍爾頓・考菲爾德和他的創造者J・D・沙林傑，成爲了整個青少年之國的夢幻保護者、朋友及和一起反叛的夥伴。這是我堅持到底讀完的第一本小說。讀完後，我在一年內重讀了四遍。

霍爾頓・考菲爾德，這名迷惘的青少年遭到一間又一間私立學校開除；這個男孩對他弟弟的死感到旣憤怒又痛苦；他是一位眞正的朋友，與我共享著對虛假大人的厭惡。

近兩年來，這本書一直飽受爭議，許多主要城市都列爲禁書，敢教這本書的英文老師因此紛紛遭到解僱。那時，我並沒打算成爲英文老師，對我來說，成爲英文老師和挖出我的一顆眼珠子是差不多的事。如今我的兩隻眼睛仍健在，但奇怪的是，我從星期一到五每天都在教高中生英文。我和學校高層協商安排了一門爲期一學期的迷你課程，主題爲「沙林傑研究」，每學期我都會帶學生讀沙林傑的所有作品，包括《麥田捕手》、《九個故事》、《法蘭妮與卓依》，以及《抬高屋梁吧，木匠；西摩傳》。沙林傑的所有著作都激起了愛書人的歇斯底里，尤其是年輕的愛書人，每次新作發行當天，書店內總是大排長龍。但是這樣的情況不再發生了。這位六十歲的作家（生於一九一九年一月一日，原名傑羅姆·大衛·沙林傑）已經躲藏了將近二十五年，自一九六五年以來，沙林傑的狂熱書迷一直渴望——實際上是迫切地需要——他的下一本作品，讓他們能踏上一段停泊在城市的青春與禪意之間的心靈旅程。

他允諾了。他時常透過經紀人代爲發言，表示會有更多故事。多年來，一直有傳言說沙林傑正在撰寫一套以格拉斯家族[1]爲主角的三部曲，而整個格拉斯家族有七個少年老成的小孩，法蘭妮和卓依只是其中兩個。然而此消息遲遲沒有下文，最近我開始焦急了。我開始收集沙林傑相關的文章、剪報，但眞的很少。我甚至和芝加哥一家報社的編輯談過，他對這位超脫凡俗的作家目前的生活或工作一無所知，並暗示需要一個發生機率微乎其微的奇蹟才能找到這個人。沙林傑過著如此隱遁避世的日子，衆所周知，在新英格蘭家鄉的街道上，他會逃離那些認出他的人。

與此同時，我班上的學生不斷地詢問我這位作家人生的後續發展。在最近一個學期的最後一天，一位學生問道：「你認爲他以後還會寫作嗎？

1 格拉斯家族（Glass family）：多次出現在《九個故事》、《法蘭妮與卓依》，以及《抬高屋梁吧，木匠；西摩傳》等短篇小說中的虛構家族。

也許他只是江郎才盡了。」

「J・D・沙林傑才沒有江郎才盡！」我幾乎咆哮了起來，這是我第一次也是唯一一次對學生大聲說話。我能從這件事學到唯一的教訓是，你不能向一個被黑暗包圍的人說，地平線上唯一的那道可見光正處於自行熄滅的危險中。我當時就決定停止在那道可見光周圍徘徊，我要直接走向它。我度過了一個暑假，並決心要找到沙林傑老先生——我所需要的就是那個微乎其微的奇蹟。

據一九七八年二月十二日《紐約時報》關於沙林傑的最新報導中記載，沙林傑的經紀人表示，這位作家就住在他位於新罕布夏州科尼許鎮附近的農場，每天確實都在積極寫作。我拿出我的地圖冊，找到了科尼許鎮的位置，這個小鎮真的很小，即使在新罕布夏州的放大版地圖上，我也花了三個小時才找到。我的朋友們不斷激勵我，給予不少有用的意見，像是：「你瘋了。你永遠找不到他的。他幾十年沒和外人講話了。」我母親稍微好一點。她警告我：「天阿，那邊的山上很冷，你可千萬要帶幾件長袖內衫。」

我聽從了這個意見，開著車上路了。我打算從芝加哥一路搭帳篷野宿到科尼許鎮。這趟旅途中，由於我缺乏夜間獨自一人在樹林裡的經驗，發生了最值得一提的慘事：我不介意行經紐約州的一路上都在下雨，但是當我在阿迪朗達克山區[2]中扎營，雨還是下個不停，而且是前所未見的大雨，於是我的筆記和地圖就在我眼前爛掉了。

大多數夜晚我在帳篷裡閱讀的是一篇匿名發表的短篇小說，題名爲〈致魯珀特——不獻上任何承諾〉（"For Rupert—with No

---

2 阿迪朗達克山區（the Adirondacks）：位於紐約州的東北部，通過此山區往東即爲佛蒙特州。

Promises”），這則小說發表於一九七七年二月的《君子》雜誌上，許多沙林傑的狂熱粉絲推測，也許就是這位著名的隱士寫的。小說的標題與他的一部較早作品相似——〈致艾絲美——獻上愛與齷齪〉，而上述的這則較新的短篇小說，通篇都暗示著這兩部作品是由同一位作家所撰寫。不僅主角像極了卓依，且內容上與其他沙林傑的小說有無數的相似與關聯之處。（那時，我打給《君子》的前編輯李·艾森伯格〔Lee Eisenberg〕，他證實這只是一篇仿作。艾森伯格懷疑前小說編輯戈登·利許〔Gordon Lish〕參與了寫作。之後利許也承認了此事。）

一九七八年六月二十二日，我開到了新罕布夏州科尼許鎮。我意識到自己比以往任何時候都更接近沙林傑，似乎可以將車停在任何陌生人旁邊，開始打探沙林傑的消息。於是，當我看到一個長髮、毫無戒心、大約二十五歲的年輕人在道路的一側隨意地走著，我便停下車來向他打聽。

「J·D·沙林傑？他就在這附近的某個地方。」我請他提供一些更具體的資訊。

「嗯，我確實去過他家一次。在一個很偏遠的地方，很多條泥巴路那邊。沿著這條路走下去會有一家小商店，你何不去問問那家店的老闆？我想他認識他。」

那地方不難找；那家小商店是構成科尼許鎮的四個機構之一——不包括各個農場。我走進去，紗門在我身後砰一聲關上了。

商店老闆是個禿頭的男人，他從報紙的上沿看了過來，問：「有什麼我可以幫你的嗎？」

「有的，我要買花生醬，」我回答。

「第二個通道最後一個架子。還需要什麼嗎？」

「嗯嗯，你可以告訴我，哪裡可以找到J·D·沙林傑嗎？」

他的熱情友好突然消失了，我的腦海中閃過一個念頭，當地居民可能覺得要忠誠地保護他們的有名隱士。

「呃，」他停頓了許久才開始說，「他以前就住在這附近，離得不遠。我的妻子有一本他親筆簽名的《法蘭妮與卓依》。那是她之前住院時他帶來給她的，當時他馬上過來探望，因爲她的家人曾經是他的鄰居。你知道嗎？我已經好一段時間沒有聽到他的消息了。但是你可以再往前到平地那邊；順著這條路下去還有另一家商店，他們也許能幫你。」

我向他道了謝，走回我過熱的汽車，同時想著他是不是故意說了無關緊要的話轉移我的注意力。平地——不管那是什麼——順著這條路下去——不管那在哪裡。

我又向前開了四英里才到下一家商店。店外的前方有幾台加油機，店的上方掛著一個巨大的手繪招牌：鮑爾斯商店。我在科尼許鎮才待了十分鐘，就已經遇到兩個至少提供了些許線索的人。我告訴自己：「第三次準有好運。」

喔，我沒說錯。老闆鮑爾斯先生之前在波士頓是一名股票經紀人，現在和妻子一起經營這家商店。很幸運地，我到店裡的時候，兼職店員艾瑟兒・尼爾森正在值班。她不僅知道沙林傑新舊居所的位置，且她多年前還當過他兩個小孩的保姆。操著一口迷人新英格蘭腔的她非常活潑討喜，她說，沙林傑的舊屋是一棟略帶紅色的農舍，現在歸沙林傑的前妻克萊兒[3]所有。她現在將那棟房子租出去了，自己則是據說住在賓夕法尼亞州某處。「她是個非常好的女人，」艾瑟兒熱情地說道，「而他曾經充滿活力。他過去常常接我們這些女生，帶我們去看溫莎高中棒球比賽。他那時

---

3 克萊兒（Claire Douglas）：沙林傑前妻。兩人於一九五五年結婚，育有一子一女，後於一九六六年離婚。據信是法蘭妮・格拉斯的原型人物。

有一輛吉普車，我們都和他一起去看比賽。不過等他有錢有名之後，就……」

不可否認，艾瑟兒的坦率讓我震驚，尤其是她這番話之中的暗示。當她開始寫去沙林傑家的路線時，我想她是說者無意。沙林傑家是新家，就在他之前住處的那條路上。她時不時抬起頭補充說，他現在很惹人厭，而且常常和人吵架，抱怨東抱怨西。我難以置信地張開了嘴，但謝天謝地，我依舊保持沉默。

「小心那幾隻狗，」她說。牠們應該是惡犬，且據傳沙林傑有一把獵槍。一聽到槍，我整個人嚇得愣了一下。艾瑟兒表示，她的母親不久前一直在爲癌症募款活動募捐，她曾找上沙林傑，想請他捐款。結果，他不僅亮出了槍，連狗也放出來了，但她的母親提醒他，他們已經認識很多年了，並說在他捐出錢之前，她不會離開。據說他最終給了五美元。

在等待她寫給我指路說明時，我注意到一個老人坐在我左邊的小咖啡吧檯，到店裡的顧客時常到那個咖啡吧檯幫自己倒杯美味的鄉村咖啡，老人家戴著金屬框眼鏡，頭上稀疏的幾綹白髮向不同方向翹起，讓他看起來好像永遠都很驚慌。

他朝我點點頭說：「J．D．沙林傑住在丁格爾頓山（Dingleton Hill）上。我在二十五年前的一場大火中遇到他。當時我們一起幫忙滅火。」

我感謝他提供資訊。據我所知，他的名字叫奧斯沃斯。至少，某些顧客進出那家店時是如此稱呼他的。

然後，艾瑟兒遞給我一張小紙條，上面按照路線依序列出了街道名稱。「總之你要小心那幾隻狗，」她說，「如果你先去郵局，你可能會遇到他在那取他的信件。他開著一輛時髦的新吉普車，這個時間他每天都在那裡。」她搖了搖頭，又說：「我覺得我是在送你去參加你的葬禮。」

我聽從她的建議，直奔郵局。我一心想找到他，腦海中一次又一次回想一張我看過的J・D・沙林傑的靜態照片。那張照片在一本美國作家名典裡，我記得他臉上悲傷的表情、那個大鼻子和那對招風耳。我仔細打量所有來來往往的中年男人的臉。就這樣仔細地觀察了五分鐘後，我意識到科尼許鎮三分之二的人都是六十多歲的人，且他們都開著時髦的新吉普車。我眞的以爲他們都是沙林傑。我一直希望他永遠不會變老，無論他在哪裡。我寧願相信他永遠都是那個將自己的親筆簽名書送給醫院病人的年輕人。

我覺得自己待在郵局等人的策略沒用，於是再度發動車子，照著艾瑟兒剛剛匆忙寫下的路線行駛。依據路線指示，我開經一條又一條蜿蜒曲折的未鋪砌道路，兩旁都是庭院打理得漂漂亮亮的大房子。前往沙林傑藏身處的路標之一是連接佛蒙特州和新罕布夏州的廊橋。因此，才時常有報導誤指沙林傑住在佛蒙特州綠山（the Green Mountains）的某處。

除了看到一棟在信箱上貼著名字奧維爾．菲奇的牧場房屋之外，我還發現了釘在樹樁上的路標。照著其中一個路標前進，我終於到達了丁格爾頓山頂。事實證明，艾瑟兒的路線指示相當讓人困惑，她甚至將交叉路口寫成拐角，那張紙條上寫「你會來到三個拐角處」，但我不知道什麼才算得上是一個眞正的拐角。這附近就像迷宮一樣，我簡直迷失了方向，以至於我不得不開回原點好幾次，然後才將可能的沙林傑住所範圍縮小到一處。預期上，沿著傳說中那棟農場住宅——他以前的住所——所在的那條路往前開，就會到他的新家。通往他新家的車道在陡峭的斜坡上，從地面的高度根本看不到那棟建築物。那個住家位置是各類隱士的完美選擇。我換到第一檔，加快了行駛速度，在我身後留下了一片飛揚的塵土。

我發現自己來到一個可愛卻樸素的棕色木屋前方鋪著石頭的庭院，棕色木屋上層有一個陽台，可以欣賞到佛蒙特美麗的群山景色。車庫就在我面前，我正要下車，三隻狗——兩隻黃金獵犬和一隻德國牧羊犬——就跑下陽台的台階，圍住了我。牠們的吠叫聲大到我知道我已經驚動了一英里內任何有理智、有聽力的人。根據我對狗及其性情的粗淺了解，我判斷牠們對我是相當有敵意的。我踩下離合器，用和我開上來一樣快的速度，沿著車道開了下去，然後加速回到那家雜貨店，想確認我找到的房子對不對。

發現艾瑟兒晚上回家了，我感到非常失望。當代班店員得知我來的原因後，她告訴我應該和鎮務秘書談談。

「我到哪裡可以找到她？」我問，對於這扮演業餘偵探的一整天感到惱火。

那位年輕女性回答：「她就在後面的肉舖工作。」

那位鎮務秘書確實在肉舖工作。我終於開始了解這個小社區是怎麼處事的。

鎮務秘書的名字叫伯妮斯．強森，她是一個輕聲細語而迷人的女人。她在回答我的問題之前打量了我一番。我解釋說，我想確認前往沙林傑住處一路上的方向，她便直接用鉛筆，在一張簡單的地圖上為我描繪了路線。

結果，令我驚訝的是，伯妮斯是奧維爾．菲奇他老婆的姐妹（記得那個貼著名字的信箱嗎？），她見過沙林傑好幾次，因為他得向她登記自己的車和狗。有一次，她直接走到他家客廳窗外，敲了敲窗，想進門拜訪；她那時有事與他討論，而事實證明，他十分的紳士。

我問：「他是否曾朝訪客開槍？」

「嗯，我想沒有。他是個非常好的人——很願意投票。但你必須了解，他一直以來飽受折磨。」

我確實理解她的意思，並由衷向她道了謝。任何採取了如此多步驟確保沙林傑隱私的人都應該得到這份感謝。隔天，我驅車離開科尼許鎮前往希布魯克[4]，想去看看那裡舉行的反核示威，在路上，我思考了關於沙林傑隱私的道德問題。在我離鎮之前，我在當地郵局留下了一封寫給沙林傑的信。信中，我解釋自己一直在努力尋找他，十分想與他講上幾句話，以及我一直非常害怕狗。「只要向我說聲『離開！』就行了，沙林傑先生，」我寫道，「所以請不要朝我開槍。」我也說，我在希布魯克稍作逗留後，六月二十六日星期一會回來科尼許鎮。

4 希布魯克（Seabrook）：新罕布夏州東南角的濱海小鎮，美國的第三座核電廠於一九七六年在此興建，期間發生多次的反核示威活動。

回到科尼許鎮後，我最後一次去鮑爾斯商店與艾瑟兒聊天。她熱情地招呼我，讓我在咖啡吧檯坐下，說她馬上就回來。當我整理筆記的時候，我發現一隻又老又胖的雜種狗在放義大利麵的架子旁呼呼大睡。鮑爾斯商店的一切充滿著古早的韻味，我不禁希望我的車拋錨，這樣我就有理由在那裡待得更久。

「那是我們的看門狗，」艾瑟兒回來時說，「他現在看起來不太像，但他在晚上眞的很恐怖。」

我說：「我相信，他叫什麼名字？」

「炸藥。」

我將她的回答錄了下來，這樣我班上的學生就能聽到和我所聽到完全一樣的訊息——完好無損的抑揚頓挫和新英格蘭腔。但當我拿出錄音機時，我發現她的語調已經不同。

「我接下來會非常小心發言，」艾瑟兒在我們繼續談話之前告知我。我告訴她沒關係，她匆匆將一些罐頭放好，到吧檯坐下，一臉不信任地看著那台錄音機。

「嗯，他以前經常開著吉普車下山，那時他還沒結婚。他會寫作寫到厭煩，因此每當溫莎高中有大型球賽的時候，他就會下山來，載我們四五個女孩一起去看比賽。」

「那時，我媽從來沒眞的喜歡過他。在她看來，他是個作家，這讓他很懶散。她一點也不喜歡我們常和他一起去看球賽之類的。她覺得那太可怕了。他當時和我們待在一起，大叫歡呼——就是一個非常正常的人，眞的。我的意思是，他很有趣！

他來到這裡已經三十年了。他一直住在他現在居住的那一區。他之前住的那間房子周圍有柵欄。那是他之前和妻子同住的居所，也是他兩個孩子出生的地方。他都說，他寫的書都無關乎他本人的生活——他只是在他的生活中，看著所有不同的事情發生，像是《法蘭妮與卓依》那樣。而他自己有一個兒子和一個女兒。縱使他發誓他的作品與他個人生活無關，他人生的一切似乎恰恰符合他寫的故事。他曾對我丈夫這麼說，他說：『我的書與我的生活方式無關；我只是將腦海中想的寫出來。』但，你腦袋想的就是你的生活，對吧？所以一切就是會融合在一起。在我婚後，我的丈夫曾為他工作。他為沙林傑建設他的工作室。」

她的論點幾乎說服了我；我之前就已將溫莎高中的球賽與霍爾頓・考菲爾德提到的賓斯預科學校（Pencey Prep）橄欖球賽聯想在一起了。

當時，艾瑟兒徹底催眠了我。在她回憶過往時，她小精靈般的臉龐露出了笑意，彷彿她在重新度過那些時光。炸藥在這段期間當中甚至還站起身來，好像很痛苦地走到吧檯前，但牠只是撲通一聲倒在我們腳下，再次打起瞌睡。

「我不認識現在的他了，」她繼續說道，「三年來，我沒有眞正和他交談過。我的意思是，他現在就是讓自己變得相當冷漠。當你在路上遇到他時，他只會點個頭打招呼，或者偶爾——非常偶爾，在你最意想不到的時候——他會突然變得很友善並和你聊上幾分鐘。」

「他的孩子常去他那。他們現在已經長大了；他們完全是年輕的男人及淑女了。他很寵溺他們，這也是應該的。」她微微一笑。「他們一定已經——哦，天哪——她一定已經二十二歲，那他一定是十九或二十歲。兩個人都已經是大人了。我以前當了他們很多次保母。眞的是聰明的孩子。他們好好地長大了；克萊兒幹得漂亮。她做到了！傑瑞[5]總是不在。他總

---

5 傑瑞（Jerry）：沙林傑的暱稱。

是在他的工作室裡寫作。如果他在工作室寫作，即便工作室和房子間裝有對講電話，你也不會打給他。除非有緊急情況，否則你不會拿起話筒。」

「我有一次就打給他，當時不知道不能這樣做。克萊兒發現時，她說：『千萬別再這樣做了！』但他那次沒有生氣。你知道，孩子們很堅持要打給他，而我不知道該怎麼辦；所以我打到他的工作室，然後他接了。

有好幾次，他都盛裝打扮，在臉上戴些東西，讓他看起來不像他。」

「你的意思是他會喬裝打扮？」

「對，對！很多次。他有一次就喬裝打扮去漢諾瓦[6]看一場球賽，這是他能去看球賽而不會被人們包圍的唯一方法。一旦漢諾瓦的人群開始看到他，他們便全都會圍上來。所以他會喬裝，然後就真的不會被發現了。我

6 漢諾瓦（Hanover）：新罕布夏州的城鎮，距離科尼許僅三十分鐘車程。位於此鎮的達特茅斯學院（Dartmouth College）橄欖球隊是常春藤聯盟的傳統強權。

只見過喬裝後的他一次，我知道他有這樣的一面（她打了個響指），因爲我認識他。」

「他參與了這些事情。如果是那些認識他、接受他的鎮民，就沒什麼大不了了。在我們來看，他只是另一個路人甲。我們對他並沒有那麼景仰，因爲他一直都在這裡。他就像阿斯卡特尼山（Ascutney Mountain）或聖高登斯紀念館（St. Gauden's Memorial）。它們在這裡，所以我們接受它們，就是這樣。」

她後面提到的兩個地方是科尼許鎮市民引以爲豪的兩個觀光景點。每當她提及沙林傑時，我推斷她的語氣裡也都帶有一絲自豪。沙林傑對這些人來說很像阿斯卡特尼山。

「天啊，當大學生過來想見他時——那是一場慘劇。他只想一個人清清靜靜。他們一大群人從波士頓過來。有十五個孩子來到我們鎮上，他們想見他，採訪他。那是他第一次亮出槍。他的隱私被侵犯了，這些孩子堅持要和他談談！現在他有狗和一些東西，保護自己免受這類事情的侵擾。

我不知道他是否還在寫作。他寫的最後一本書被拍成了電影。我沒有從他那裡聽說過這件事。在電影改編之後，我再也沒有聽說過有關他著作的任何消息。」

我問她知不知道那部電影的名字。

「不——除了這個說法之外，沒有聽到任何消息。那部作品被拍成了電影，他賺了一百萬。」

店主鮑爾斯太太正在將從當地農民那裡買來的草莓放在架上，這時她打斷了我們的談話。

「他又開始寫作了，艾瑟兒。他正在寫一本書。」

我立刻想到了沙林傑承諾的格拉斯家族三部曲，並疑惑她是如何知道這個資訊的。

「喔，」鮑爾斯太太開始說，「就是聽說的。大約兩年前，人們試圖登門造訪。他們一直在報紙上登這件事。然後我想：『哎呀，也許他正在寫另一本書。』不久之後，我就聽說他正在寫另一本書。」

我問艾瑟兒是否知道，或者她是否能猜到爲何沙林傑如此小心地保護他的隱私。

「我認爲他喜歡人，但他並不總是會和人交流，因此更出名了。像你——看看你是多麼努力地想見他。並不是他不喜歡你。如果他出來和每個人交談，他將只會是另一個非常友善的作家。」

只是另一個作家，我對自己說。不，我認爲他永遠不會只是另一個作家。我自己的經驗告訴我，他的文章中確實流淌著某種非常特別的東西。我已經見證到，在幾種不同的情況中，這流淌的東西對我的學生們造成了影響；沙林傑這個人能透過一個故事改變他人的一生。

將這些想法放在心上，我喝完咖啡，再次感謝兩位女士。她們祝我好運，並叫我告訴她們結果如何。

當我最後一次開車上丁格爾頓山時，我對沙林傑有了些許的熟悉感。這次我很順利地找到了他的家；那些複雜混亂的入口及側邊車道開始看起來很熟悉。我把車停在他家私人車道口附近，在他前院附近的地上坐了兩個小時。在我所知道的人之中，我是唯一一個在手套箱裡一直放著一整套沙林傑作品的，當等待開上他家車道時，我悠閒地翻閱著《法蘭妮與卓依》。過了一會兒，我闔上書，盯著封面。僅僅通過作品認識一位作家是一回事，而將他視作一個人認識又是一回事。一旦越過那條線，就再也回不去了，沙林傑將成爲一個不同於我以前所想的個體。他即將從一個防塵書套[7]上熟悉的名字變成一個眞正的人，一個更加脆弱、更會犯錯的人。這個設想嚇壞了我，但我已經走得太遠，無法回頭。

當我回到車裡時，開始下起毛毛雨，我緊張地換到第一檔，然後迅速開上通往沙林傑家的私人車道。我將車停在車庫前，關掉了引擎。他的狗順著陽台的台階跑了下來，我盡可能快地搖上車窗。牠們激烈地狂吠，以至於我無暇注意車庫門已經開始升起。當車庫門升起了一部分，我從那開口看到了兩個膝蓋，然後又仔細看了一眼。門繼續緩緩升起。我看到了一個穿著灰色休閒褲的男人的腰，接著看到一件藍色的短袖襯衫，然後最後看到的是一張憔悴、皺紋滿佈的臉。他直直地盯著我，在陰涼的雨中慢慢地走向我的車。J·D·沙林傑就好像憑空突然出現了一樣。他的頭髮濃密

---

7 防塵書套（dust jacket）：包覆於精裝書外層的印刷品，主要用於保護硬殼書封、置放書籍簡介以及廣告宣傳。在台灣，甚至平裝書亦會製作書套，通稱爲「書衣」。

卻灰白，他在吉普車旁邊默默地站了一會兒，又朝我走來。他的步態緩慢而有力，當他走近時，我有幾分希望他是園丁。我搖下車窗，抬頭看著我見過的最令我感動的臉。那是一張五官深邃的臉；他的雙眼看似凹陷，但他半透明的藍色眼珠正目光灼灼地盯著我。與這張臉相比，霍爾頓、西摩和他筆下的所有角色都相形見絀。如果我們不曾交談，不曾交流過一言半語，至少我那時也知曉了隻手之聲[8]。

「你是說，你敢上來面對這些猛獸？」他問道，一邊開始大笑，一邊摸著他的德國牧羊犬的頭。他的狗搖著尾巴，在他身邊坐下。我這才暫時鬆了口氣。

8 「隻手之聲」原文爲「the sound of one hand clapping」，這句話源自日本白隱慧鶴禪師之禪宗公案，在這裡指的是超越字詞語言的領悟。沙林傑曾在其小說集《九個故事》開頭引用此公案，故此處本文作者也跟著引用。

「你就是寫那封信的人嗎？」

我說，是的，那封信是我寫的。

「寫得還挺幽默的。你想知道什麼？你有什麼想問的問題？」

雨開始下得更大了；他還是站在我的車窗旁，臉上掛著雨滴。他的聲音很苛刻，而我很不確定我一開始想知道什麼。我解釋說，我主要關心的是他是否還在積極寫作。

「當然還在寫！」他似乎很訝異，「不然你覺得我會做什麼？我是一名作家。但我是透過我的小說與大眾溝通。與公眾的接觸會阻礙我的工作。這對我的一些同行而言一直是個問題，並且對他們造成了傷害。」

「我明白——」我剛開口，他打斷了我，他又高又瘦的身軀微微緊繃了起來。

「不，你沒有。不，你不明白。如果你明白，你就不會在這裡了。」

「你是對的，你是對的。對不起。我不是有意叨擾，」我承認。我完全亂了套。當他幾乎痛苦地問我想要得到什麼時，我大吃一驚，就好像他不得不向數百名來找他的人提出同樣的問題，而這些人一旦到了那裡，便永遠無法確定他們到底想要什麼。

「聽著，」我堅持說下去，「你的創作對我和我的學生來說意義重大。我們閱讀了剪報——那些說你在這裡，你正在寫作的剪報。人們找上我，想了解你，是因爲他們喜歡你寫的東西。」

他看了一會地面，然後說：「這眞是不勝感激。」

「但你已經很久沒有發表任何作品了，」我提醒他。

「是啊，」他再次看著地面同意道，「已經有一段時間了。但我不能倉促。出版是一件令人痛苦的事情。出版後至少需要一年半的時間才能恢復平常心。這是一個巨大的障礙。」

雨又變大了，不知怎的，我覺得他的心情緩和下來了。

「近期會有小說出版嗎？」

「我無法預測出版日期，」他堅定地說。

「好吧，我應該回去告訴大家還有希望？至少有希望最終會有更多的小說出來？」

這時他突然變得熱情起來，抬頭說：「哦，會的，會的。還會有更多。可以抱有希望，會有更多。」他似乎時不時會仔細地看向我的汽車後座。我的汽車後座放滿了露營裝備，我懷疑他正在尋找錄音設備或相機。我故意把那些東西鎖在後車廂裡，以免把他嚇跑。

「所以，你剛從那裡回來？」他問。我猜他是指希布魯克，因爲我在信中提到我打算去趟那個沿海城市。

「是的，那裡非常棒。現場有上千人，卻沒有一絲暴力。他們都互相支持鼓勵；很高興看到這樣的場景。」

他微笑著點點頭，開始咧嘴笑了起來。先前那種尖刻、有些不耐煩的語氣消失了，他現在顯得相當害羞。

「我們親愛的梅爾德里姆．湯姆森州長[9]在場嗎？」他想知道。我猜他還沒讀報紙。我告訴他沒有，這位新罕布夏州的領導者並沒有出現，但倒是有幾個損他的玩笑。沙林傑又搖搖頭笑了。

我說：「我不想讓你一直淋雨。」他的衣服完全濕透了，雨滴不斷落在他臉上。

「嗯，我不知道還能告訴你什麼。我要說的一切都在我的小說中。」

我告訴他，他真的幫了我大忙，並請他原諒我造成的不便。他握了握

---

9 梅爾德里姆．湯姆森（Meldrim Thomson Jr.）：新罕布夏州州長，曾在一九七七年希布魯克的反核示威中，下令逮捕一千四百名抗議者。

我的手，我也深深地緊握住他的手。我看著他走回車庫，但我的思緒飄到了遠方。我回憶著兩段文字，我認爲這兩段闡明了他對於保持孤傲、遠離中心舞台的渴望。

我想到的第一段文字來自〈抓香蕉魚的大好日子〉，在這一段裡，西摩要求電梯裡的一位女乘客不要盯著他的腳。另一段文字則來自《法蘭妮與卓依》，在這段文字中，卓依要求他的母親蓓希．格拉斯停止欣賞他的背影。這兩種情況的實際存在對沙林傑來說都不重要；他希望他的讀者能夠注意到並重視的是，那兩種情況裡的精神本質。

雨水不斷濺在礫石上，沙林傑將他的狗喚到他身邊並朝我揮手。我也朝他揮了揮手，並發動了汽車，這時他作品中的另一個場景在我的記憶中恣意地旋轉著。那是《麥田捕手》中的場景，菲比在傾盆大雨中坐著旋轉木馬轉圈圈，而霍爾頓只是坐在長凳上，全身被淋濕。

「不過，我當時不在乎。」霍爾頓說，「我當時感到超他媽開心，如果你想知道事實的話。我不知道爲什麼……神啊，要是當時祢也在那就好了。」

後記[10]

我當時只有二十八歲，不過，我已經在芝加哥公立學校系統當了六年的高中英語老師。並非我選擇了這個職業，而是這個職業選擇了我，因爲我愛上了文學。有一部小說不僅在我的心裡，也在我讀者的靈魂中佔有特殊的地位：《麥田捕手》。

像霍爾頓一樣，我當時的生活中有一些相當大的缺失。我父親剛去

---

10 撰於二〇一六年。

世了，而且我的第一次婚姻徹底失敗了。但在這期間也發生了一些好事：我當時剛在《芝加哥論壇報週日雜誌》（*Chicago Tribune Sunday Magazine*）上發表了我的第一篇雜誌文章〈傳承街道〉（"Inherit the Streets"），深入探究芝加哥的街頭幫派。正因爲如此，我作爲特邀嘉賓上了查理·羅斯（Charlie Rose）的《早晨芝加哥》（*A.M. Chicago*），對一個希望成爲作家的人來說，是意料之外的幸運。

談到遠大的夢想，那可眞不得了——我曾想追隨沙林傑的腳步。我讀過他所有的作品，包括二十二篇未收錄出版的小說。有一次，我到伊利諾州肯尼爾沃斯（Kenilworth）的一家書店拜訪朋友，當時是午餐時間，有個人走了進來，問我們想不想買J·D·沙林傑的書。我們告訴他我們擁有沙林傑的所有書籍，他說：「不，你們沒有。」他的汽車後車廂中放著兩卷未經授權出版的書籍，收錄了沙林傑未集結的小說，他向我們兜售那兩本小說集。當然，我們兩人都買了，那兩本書成了我的作家教科書。我不只是閱讀它們，我研究它們，記住它們。我是一個文學佈道者；我可以隨意引用那兩本聖典中的段落。

每天晚上，我都會敲打我的打字機，產出一篇又一篇模仿造沙林傑的著作，透過公然模仿我那位不知情的導師，精進我的文學手藝。我是一個忠誠的門徒，儘管非常天眞。但模仿就是我們學習的方式，對吧？

在沙林傑的文學經紀人桃樂絲·奧爾丁無意中向美聯社記者透露，沙林傑每天在他位於新罕布夏州科尼許鎭的家中寫作之後，我就像火箭一樣飛奔而去了。但眞實的故事比我四十年前能說的故事更加複雜及戲劇化。我的女朋友當時一路上都陪著我。她的前男友從芝加哥就跟著我們，或可能是她告訴了他我們要去哪裡。某天一大早，當我們紮營時，他突然出現，給了我們一個驚喜。我討厭驚喜，尤其是這樣的驚喜。我們最終爲甩掉他的跟蹤，開車穿過加拿大回到芝加哥。那趟旅行是我一生中最漫長的分手；持續了數天數英里，我當時以爲它永遠不會結束。應我女朋友的要求，我從沒有在這個故事的敍述中提到她，直到我寫了《沙林傑：一段時光與一段旅程的回憶錄》（*JD: A Memoir of a Time and a Journey*, *Wordcraft of Oregon*, 2006）。

當我向學生講述我的沙林傑故事時，他們總是有同一個問題：「爲什麼他會出來和你說話，而其他人卻都沒有成功？」

答案：那封信。就是我寫給他並從佛蒙特州溫莎郵局寄出的信。我在離沙林傑家大約三英里的一個露營地寫了那封信，我知道它必須做到什麼——它必須爲我打開門。它必須減輕他的恐懼，同時喚起他的好奇心和幽默感，並且在這個過程中它必須娛樂到他。我本能地意識到沙林傑會欣賞的，他自己會實踐的幽默和諷刺程度。當你長時間沉浸在另一個人的心靈沉思中時——畢竟，這就是當你細細閱讀某人的書寫作品時會發生的事——你就會體驗到一種非常親密的連結。當我謄寫完那封信的副本時，我確信沙林傑會見我。我就是知道。

對於我們在對話中未能聊得更深入，我有一兩件遺憾的事。我真希望我有提出一些關於他早期小說的問題，例如〈陌生人〉（"The Stranger"）或〈步兵的個人筆記〉（"Personal Notes of an Infantryman"）——也就是那幾篇戰爭小說。在我出生的五年前，我叔叔萊尼喪生於許特根森林[11]的一次戰鬥中，沙林傑則在這場戰役裡倖存了下來。我素不相識的叔叔和我最敬佩的作家有沒有見過面？很可能沒有；我們在講的情況是，成千上萬的人只是試著在所能想像的最糟情形下活下

---

11 許特根森林（Hürtgen Forest）位於德國境內，鄰近比利時邊界。第二次世界大戰時，盟軍與德軍在此處展開了將近六個月的激烈戰鬥，兩軍各約有一萬兩千人陣亡。

去。要是我知道如何提出這個話題而不會惹惱他就好了，但我根本沒有這樣做的技能。往那個方向聊只會踩到地雷。或許，如果我再成熟一點，如果我當初有今天所擁有的觀點——但如果是這樣的話，我一開始就不會踏上這樣的旅程。

但這些都不要緊。當我回首，朝過往多年的一片模糊看過去，我驚訝地發現，那場與沙林傑的會面結束得如此之快，且結果證實，那場會面對於我的生活及我選擇的工作——教學和寫作——如此重要。我現在六十六歲，在位於伊利諾州帕拉丁（Palatine）威廉雷尼哈珀學院（William Rainey Harper College）擔任一名全職英文教授。如果我在青少年時期沒有愛上《麥田捕手》，如果我沒有成功見到沙林傑，我不知道之後我會做什麼，或者會成爲什麼樣的人。

與沙林傑的會面是一道閃光，但對我來說，那是一道非常令人心滿意足的閃光，卽使在那之後，它也沒有失去一絲當下卽刻迸發的光彩。沙林傑走出家門和我說話，待我和善——和善卻苛刻。我想，他想要讓我知道，他能屈尊與我見面，我是多麼幸運。我不能爲此責怪他。那眞是一份大禮。我被允許了幾分鐘的時間親眼看到我的文學英雄，觀看他的舉止，聆聽他優雅的新英格蘭口音的抑揚頓挫，衡量他有些傲慢的態度，並爲此驚恐。我們握了手；我眞的摸到他了。以最有意義的比喻方式來說，他也觸動了我。

"IF YOU'RE LONELY,
AS MOST WRITERS
ARE, WRITE YOUR
WAY OUT OF IT."

「大部分的作家都很孤獨，
如果你也是，那就自己以寫作
走出孤獨吧。」

麥可・克拉克森（Michael Clarkson）撰
《尼加拉瀑布評論》（*Niagara Falls Review*）
一九七九年十一月十二日

這裡是新罕布夏州科尼許鎮，我坐在我的車子裡等待著。我將車子停在一條未鋪砌的安靜鄉間小路上，這條小路只有當地志願救援隊知道。小路兩旁的蕨類植物緊貼著車子，我彷彿在一條狹窄的綠色隧道裡，從頭頂掠過的白樺樹隨風沙沙作響。我等待的地方未見任何標誌或信箱，從此處延伸出去的是一條長長蜿蜒的上坡車道。事實上，我感覺有點像困在童話〈三隻熊的故事〉（"The Three Bears"）的場景中，我甚至不確定在沿著車道上去的那個秘密山頂是否有一棟房子，我也不確定，我正追蹤的那個人是否一臉鬍子，藏身在那些報導所敘述的那座混凝土堡壘中。

自一九五三年J．D．沙林傑遁世以來，曾有位青少年從沙加緬度[1]搭便車前來找他，也曾有位來自歐洲的女人向他求婚，世界各地一流的記者

1　沙加緬度（Sacramento）：位於美國加州，距離沙林傑居住的科尼許鎮近四千七百公里。

及私家偵探們也曾找上門來，也有上千人寄信給他，寄出的信件卻遭拒收，被原封不動地丟到郵局的廢紙簍裡，這些人全都沒有博得沙林傑的注意，我想知道，我是不是遠超越了這些人。

一九六五年，四十六歲的沙林傑達到小說創作生涯的巔峰後便不再發表作品，創造了美國文學史上最大的謎團。他從未回應過他的書迷或書評，並且據知，只要有陌生人接近，他就會逃跑。

讀完沙林傑的小說《麥田捕手》後，我對這位作家產生了一種溫暖、親密的感覺，但在這裡，在行駛了四百五十英里後，我穿著風衣，擔憂得汗流浹背，感覺自己就像一個入侵者。

受到沙林傑另一個自我霍爾頓．考菲爾德在《麥田捕手》中所說的某段話啓發（「我會假裝自己是那些聾啞人的其中一個。這樣一來，我就不必和任何人進行任何該死的白痴無用對話。如果有人想告訴我什麼事情，他們必須寫在一張紙上，然後塞到我手裡。」），我將一張要給沙林傑的字條交給一家雜貨店的店員，據傳他偶爾會在這家店露面買報紙。我這張字條是兩個月的努力成果，上面寫著：「有個男人現在在科尼許鎮。也許是個文學外行人，但與您的作品在情感上有連結。他是一個最可悲的——一個沒有背景的悲劇人物。需要一個和您的過往經歷一樣的未來。拜託了。」

毫無預兆地，兩輛歐洲小型車從蕨類叢的一個缺口處轟隆轟隆地開了出來，並在我的車子旁急剎車。一名長髮少年從領頭的車上跳了出來，並稱另一名開車的人爲「爸爸」，這位少年對著我擺出了空手道的架勢，三隻狗在他的兩側嚎叫著。

一個高大、削瘦、頭髮灰白的男人自信地從一輛保險槓上貼著足球貼紙的灰色寶馬走了出來。他揮了揮手，示意男孩和狗離開。這個男人的衣著很整齊，他穿著肘部有皮革補丁的棕色粗花呢夾克、黑色高領毛衣及運動鞋，踏著一絲不苟的軍人步伐，走到了我的車窗前。

「請問您是J・D・沙林傑嗎？」我終於問了出口。

「是的，我能為你做些什麼？」他誠摯的話語穿透了他白瓷般的假牙。這不可能是沙林傑。一方面，他不像二十七年前所拍的照片中的沙林傑；另一方面，他看起來不只五十九歲。

「我不知道。我本來是希望您能告訴我。」

「喔，拜託，別來這套了。」

「真的，我只知道我離開家人、放下工作，大老遠跑來見你。」

「你沒辭職吧？沒有吧？」

我搖了搖頭。

「你正在接受心理治療嗎？」

「不。我不認爲這是問題所在。我想我需要發表作品。」考慮到他懷疑我精神錯亂，我竭盡所能地說明，「很難找到讓我覺得放心，可以分享的人。」(《麥田捕手》的霍爾頓說：「眞的讓我驚豔的是，當你讀完一本書，你會希望寫了這本書的作者是你的一位好朋友，然後你想要的時候，隨時可以打電話給他。」)

「你最終會找到那個人的，」他說，試圖使我的人生顯得和他的一樣重要。從他低沉、認眞、帶著鼻腔的聲音——接近英國人——到他下垂的耳朵和肉鼻子，他整個人身上流露出一股莊嚴之氣。他似乎飽經風霜，外貌樸實，卻很有魅力。他是個傑出的小丑，靈魂不必畫在臉上，而是透過嚴肅的表情及若有所思的深色雙眼投射出來。

「不管怎樣，你怎麼知道我是會讓你放心的人？」在向後梳的濃密灰白相間頭髮之下，他緊繃的額頭及兩道眉毛顯得格外突出，看起來像是擔心，或至少像是在頭痛。

「你的作品。」

他挺直身子，拉高了十五公分。「我是個小說家！」彷彿某條神經被挑起，他將身子推離車窗，伸出了雙手。「我的小說中絕對沒有自傳成分。我以前曾收過那樣的字條，」他眉頭一皺，痛苦地說，「那都會造成自我毀滅，你必須擺脫這種心態。」我很困惑，沒有回他話。

「除了寫作，你還有其他收入來源嗎？」他以一種友好的方式問道。

我一直在等他把我介紹給我來拜訪的那個人。

我說：「我是名記者，跑警察線。」我的鼻子都還沒來得及吐氣，他就回到了他的車上。「但我是爲自己而來，而不是爲了我的工作。」我的聲音變了調。

「最好是如此，因爲這不是我應得的！」他宣告，眼神輕蔑。有生以來，我第一次感到被憎恨……並且被畏懼。「我已經表明了自己的立場。我是個注重隱私的人，爲什麼我的生活不能是我自己的？我從來沒有要求過這種待遇，也絕沒有做什麼事，不該受到這種待遇。已經二十五年了——我受夠了！」他所說的話、掌握的時機以及展露出的特質非常符合沙林傑的形象。幾乎就像在演戲。

突然間，他駕車飛速離去，地上的鵝卵石發出一陣下冰雹般的聲響，且他又一次讓我吃驚——他把瘦長的手臂舉過敞開的車頂，友善地揮了揮手。

幾分鐘後，當我目瞪口呆地坐在車子裡，那個我無法確定不是賽車手佛伊特（A. J. Foyt）的人回來了，並發出警告，要我離開。我告訴他，我寫了另一張字條。「拿過來，」他厲聲說道。我離開我的車，走到他的車窗前，想讓情況有些改變。他的一隻長臂伸向字條，另一隻則從箱子裡拿出一副眼鏡。

這張字條似乎讓他很爲難，他較厚的下唇自然微張，消化著其內容：

「傑瑞：對不起。來到科尼許鎮可能是個錯誤。你不像我所盼望的那樣深沉、多愁善感。如果有人離開家人、放下工作，開了十二個小時的車來找我，我肯定會給他五分鐘以上的時間。如果我追求的是一則報導，你認爲我會告訴你我是記者嗎？你說你是小說家，但當你能觸動別人的靈魂時，你便不只是小說家。你是寫了我愛的那些書的人。（簽名）P.S. 我會在溫莎汽車旅館住到早上。」

他將車子熄了火，也熄了自己的怒火，然後輕柔、極其緩慢地說起了話。他坐在車上，視線從我身上移開，眼淚似乎準備要奪眶而出。「是的，好吧，你有權嗤之以鼻……但我已經碰過這種情況太多次，無法用優雅的方式叫你離開。我越來越氣惱了。」他擺出了一張苦瓜臉，不知怎的看起來不太對勁。

他說，我問他、告訴他的事情，他已經聽過一遍又一遍，他疲倦地搖了搖頭，更像在對樹木及後代講話，而非對我，他的談話保守且經過嚴謹的編排，沒有閒聊的餘地。「每次他們的話都有一點不同。那些有問題的人、需要溝通的人、職涯上需要幫助的人，他們來自全國各地、加拿大和歐洲。他們在電梯裡、在街上、在這裡攔下我講話。哎，我甚至不得不轉身逃離他們。我每天都會收到成堆的信件和問題。」

我想到了《麥田捕手》裡的另一段落：

反正，我總是想像有一大群小孩子在一大片的麥田裡玩遊戲。成千上萬個小孩子，周圍沒有人——我是說，沒有大人——除了我。而我正站在某個超級陡峭的懸崖邊上。我必須做的是，如果他們開始越過懸崖，我必須抓住每個人——我的意思是，如果他們在奔跑卻沒注意自己正跑向懸崖，我必須從某個地方出來抓住他們。這就是我一整天所要做的事。我只想成為麥田裡的捕手。我知道很瘋狂，但這是我唯一真正想成為的。

他嚴肅的臉鬆了下來，啪地將雙手拍在方向盤上，然後反覆擠壓。「無法一概而論。你和我在不同的環境下長大；你有不同的父母。無論如何，我不是老師或先知。也許我會提出有點不同的問題。但我不會假裝知道答案。」他不斷用現在式提及他的工作。

「一個人說的任何話都無法幫助另一個人。每個人都必須走自己的路。你該知道，我也不過就是一個兒子的父親。」他的雙眼可以讓人花上一整天凝視。我想，如果他能公開哭泣，會對他有所幫助。我考慮過給他一支菸，但看不出來他有如早年報導所言的老菸槍跡象。「當我開始從事寫作這項事業時，我不知道會發生這樣的情況。就某些方面來看，我後悔曾經發表過作品，這是最瘋狂的職業。大部分的作家都很孤獨，如果你也是，那就自己以寫作走出孤獨吧。」

他說他無法給我「一枚神奇的硬幣，讓我放在枕頭下，隔天早上就能成爲成功的作家。」但他繼續談論關於寫作的事。他表示：「你不能教別人如何寫作，這是盲人在引導盲人。」在一九三九年參加短篇小說課程後，據說在一段時間裡，他的文章擺脫不了雕琢的的虛假。「課程的唯一好處是，你會有機會與其他收到退稿通知的人交流，並分享一些共同點。」他並不搞笑。奇怪了，我是多麼相信我們倆都有幽默感，但在我們交談的所有時間裡，我們都沒有笑。

他聲稱，對於那些「有足夠動力和自我意識」的人來說，寫作仍然是一個開放的領域，出版社仍然會花時間閱讀有銷路的素材。我想知道他是否了解稿子被退回，自己的創作不受喜愛是怎樣的感覺。以及沒有得到反饋，是怎樣的感覺。「爲自己而寫是很有意義的，」他說，「但如果你想出版作品，我會告訴你——就我在那張你留在雜貨店的紙條上所看到的文字，你永遠不會成爲作家。三十歲以上的人都搞不懂那種神秘費解的用詞。你必須區分事實和虛構。」

我問：「從長遠來看，選擇寫作的生涯值得嗎？」

「當然，如果那是你想要的。」

「有時我會失去動力。」

「寫下去就對了。放下一切。否則我沒有答案給你。」

當我確定自己是站在沙林傑的車道下方而非某個極其陡峭的懸崖底部時，我離開了。

傑羅姆・大衛・沙林傑是一九五〇年代和六〇年代早期最具影響力的文學人物，他的出生即是一場反諷，一九一九年一月一日，在這一年中最多人慶祝的節日裡，沙林傑誕生於紐約市。他的愛爾蘭猶太裔父母經營一家生意興旺的火腿進口企業，他唯一的手足多莉絲[2]是一名服裝採購。沙林傑是個內向、彬彬有禮、智商中等的孩子，喜歡自己演戲、寫作和長距離散步，但在學校卻不怎麼努力，有幾科都不及格。

---

2 多莉絲（Doris Salinger）爲沙林傑的姊姊。

在短暫地撰寫了一陣子美國陸軍文宣後，沙林傑上士在二戰中憑藉美國陸軍第四步兵師的情報工作贏得了五枚服役星章。這場戰爭的各方面都使他洩氣（包括戰地記者厄內斯特・海明威的訪問，當時海明威試圖用德國魯格手槍將一隻雞的頭射掉來吸引人們關注。）但他的第一批眞正的作品誕生於歐洲——承受一波又一波砲擊的散兵坑之中。當時，他將投稿到《科利爾》（*Collier's*）、《君子》及《週六晚郵報》（*The Saturday Evening Post*）賺來的部分稿酬寄回家鄉，用於鼓勵新作家。

到了一九四八年，沙林傑與享有盛譽的《紐約客》雜誌簽了一份合約，發表了數篇有關心痛的故事——在一個童年的純眞到了成年被可悲地扭曲，眞誠被名望腐蝕的世界裡，灰心地尋找和平及一視同仁、不涉及性的愛。但評論家們有共識：不知何故，他的故事爲人類帶來了希望。

這位作家曾談及要在電影界闖出一片天，直到一九五〇年好萊塢將他的短篇小說〈康州甩叔〉改成《一廂情願》[3]。此後，他拒絕了所有電影導演、電視台及表演團體——甚至是讀書俱樂部——的提議，且他也完全不讓編輯們有辦法出版他早期寫作生涯所發表未經潤飾的小說。

沙林傑憑藉他唯一的長篇小說《麥田捕手》（一九五一），一本公然反對——大聲抗議——社會及學校服從性的悲喜劇，一瞬間成爲全世界學生的英雄。這本書講述的是，十六歲、生性敏感的霍爾頓・考菲爾德爲了尋求有意義的交流，逃離了學校，卻只發現一個充斥著虛假的世界。這部作品影響了一代人的口頭語，並因其淫穢和明顯支持反叛的內容而被一些學校董事會列爲禁書。

直到一九五三年，大家對《麥田捕手》的熱烈反應仍未消退，當時三

---

3 《一廂情願》（*My Foolish Heart*）：由於製片方任意修改故事，不尊重原著，導致沙林傑自此不再授權任何作品改編。

十四歲的沙林傑篤信佛教禪宗，在新罕布夏州科尼許鎮買了一座未裝有過冬設備的鹽屋[4]，在那住下的他很樂意自己抽水，到附近的達特茅斯學院[5]電影協會觀看他喜愛的一九三〇年代電影。性格外向的他會邀請熟人來瑜伽靜坐，並結識高中生，開著吉普車載他們去看籃球比賽，然後辦唱片派對，招待他們喝可口可樂，並放他最喜歡的曲子〈這只是其中之一〉（"It Was Just One of Those Things"）給他們聽。他曾經說：「我所有最好的朋友都是孩子。」

一九五三年的某天下午，沙林傑接受了生平第一次的採訪，訪者是委託自當地報紙高中版的十六歲女孩。然而，這篇報導卻刊登在社論版面上，且迅速傳遍全國，見報隔天，沙林傑與他結識的學生們斷絕關係，並

4 鹽屋（saltbox house）為一種木屋形式，常見於北美的新英格蘭地區。

5 達特茅斯學院距離科尼許僅三十多公里。

在他的房子周圍築起了一道高高的圍欄，宣稱自己需要與世隔絕，使自己的創造力不受外界干擾。從那以後，便很少有人見過他。

同樣在一九五三年，收錄自沙林傑最早寫的二十九則短篇小說的《九個故事》印行出版。兩年後，他娶了出生於英國的克萊兒·道格拉斯，她是受歡迎、有吸引力的拉德克利夫學院[6]畢業生。他們有兩個孩子，一九五五年出生的瑪格麗特和一九六〇年出生的馬修。

在接下來的十二年裡，沙林傑爲兩個家庭而活，一個是他自己的家庭，另一個是虛構的格拉斯一家，而他經常花更多時間和後者在一起，靠著盒裝午餐維生，一天寫作長達十八小時——在一個特殊的混凝土堡壘中，距離房子一百碼——書寫關於內省的格拉斯家族的複雜世界，這群善

6 拉德克利夫學院（Radcliffe College）：麻州劍橋的女子學院，一九九九年併入哈佛大學。

良的人們在殘酷的社會中尋求宗教帶來的平靜，他們研習各式的禪修，這教導了他們每個人都與其他人一樣重要，即便是怪誕的「胖女士」[7]。

沙林傑時不時會因太沉迷於自己的創作而差點捲進車禍。伊迪絲・泰勒（Edith Taylor）是一位密切關注沙林傑職業生涯的英語教師的太太，她回憶說，這位作家會「開著吉普車在路上搖搖晃晃，與自己進行深入的交談和爭吵。」

格拉斯家族首先出現在刊登於《紐約客》的精巧故事中，後來集結在《法蘭妮與卓依》（一九六一）及《抬高屋梁吧，木匠；西摩傳》（一九六三）等書。這些書被翻譯到世界各地，立即售罄，儘管他沒有爲自己宣傳過一字一句，卻贏得了巨大成功，他的成功成爲了一個美國衆生的矛盾之

7 胖女士（Fat Lady）：《法蘭妮與卓依》裡的抽象人物。

處、一個開在美國衆生身上的玩笑。這個男人在他名氣達顚峰時，是每個一流記者及博士候選人鎖定的對象，卻只在他家門前放了一個樣式簡單、未上鎖、印有姓名的信箱。

自海明威—費茲傑羅時代以來，除了沙林傑外，沒有其他作家能引起公衆及文學評論家如此大的興趣，無論是支持還是批評。每個人都對沙林傑有意見，但他從未回應過他的評論者們。

沙林傑的產出仍然不豐，因爲他會像爲小提琴調弦一樣，執迷地編輯、潤飾他的小說。有人曾指，他會爲一個字的選擇而痛苦好幾天。一九六五年，刊登於《紐約客》的一篇關於現代聖人西摩．格拉斯的短篇小說〈哈普沃茲一六，一九二四〉是他作家生涯的最後一部作品，不過，他曾經告訴一位朋友他打算寫一套大篇幅的格拉斯家族三部曲，類似於「美國版的《追憶似水年華》（*Remembrance of Things Past*）」。

《紐約客》雜誌充分考慮了沙林傑的吸引力，每年都支付他鉅額的聘用費（據傳爲三萬美元），而一九七七年《君子》雜誌刊登了一則短篇小說，並附上這篇作品是由偉大的隱居者（The Great Recluse）所撰寫的暗示性敍述，據報導，這個宣傳噱頭讓該雜誌收穫了有史以來比其任何一則文章都熱烈的反應。沙林傑現在仍然有一個經紀人，紐約哈羅德·奧伯事務所（Harold Ober Associates）的桃樂絲·奧爾丁，但她和他所有的編輯一樣，對他的作家事業保持沉默。

華倫·法蘭奇（Warren French）是一位來自中西部的教授，他在寫了一本關於沙林傑的研究專書後搬到了科尼許鎮，他說，他很驚訝沙林傑從未嘗試過創立自己的電影公司，「……但我想這將涉及與其他人合作。」

克萊兒在一九六七年與沙林傑離婚時得到了孩子的監護權和房子的所

有權，但這位作家在同一條路的對面建了一個新家，並與家人保持密切聯繫，每天都來看望他們。

與此同時，關於他的個人生活，已有足夠多的消息傳了出來，暗示著他將自己的部分經歷及生活方式寫進他的小說中。他筆下大多數的角色在他們的平行世界中似乎比他更眞實、可信，他們都是清教徒式的人物，會堅定不移地信守理想，他們會輟學，不出席自己的婚禮，朝自己的右太陽穴開槍，卻不會妥協。然而與作者不同、且有趣的是，他們之中大多數都是外向、喋喋不休的人。

續篇

直到我第一次見到沙林傑整整一年後，我才鼓起勇氣跟著他走上陡峭的車道。

我在車道頂端所看到的很漂亮——一間形狀不規則的深色木屋，幾近瑞士小屋，與考菲爾德所渴望的沒有什麼不同（「我會用我賺的錢在樹林的某處蓋一間小木屋……我會蓋在樹林旁，而不是蓋在樹林裡，因爲我想要這間屋子隨時都在陽光下明亮得要命。」）。這間木屋坐落在樹林邊緣的懸崖邊，沐浴在明亮的陽光中，窗戶多到像溫室一樣。屋子前草長得很高，看不到入口通道，但有一條明顯的混凝土隧道，從懸崖上一個上鎖的兩車位車庫，經過一個餵鳥器，延伸到寬闊的陽台下。

他的狗嗅了嗅，但停止了吠叫。我從岩石最不危險的一側攀了上去，來到了這棟提洛爾式[8]建築的背面，在那裡我找到了通往沉重玻璃滑門的木台階。我爬了上去，我的決心拒絕承認我的緊張。

我將雙手遮在眼睛上方，瞇起眼透過玻璃……看到一間客廳，老派破舊到我以爲會看到鬼。裡頭有一盞吊燈，營造出壓抑的氛圍，吊燈下幾張破舊的沙發及休閒椅、一個書櫃和一塊帶有花紋的紅色薄地毯在寬敞的房間中顯得相形見絀。遠處牆上，電影投影幕拉下了一半，還要再向下拉才能碰到顯然比房子還舊的地板。陽光就像在格拉斯家族的公寓裡一樣，殘酷地照進室內。凌亂是這間客廳的主題，電影膠片的大金屬捲盤、書籍和《國家地理雜誌》四處散落著。大壁爐上堆滿了皺巴巴的書寫紙和垃圾。

但最突出的是多張裱框的黑白照片，有些已經泛黃泛棕，擺滿了壁爐

8　提洛爾式（Tyrolean）：一種源自奧地利山區的建築樣式。

架和茶几。那些照片大多是他的孩子和前妻的合影，他們最近賣掉他們的老房子搬到了西岸，我的腦中不斷回想起評論家亞瑟．麥茲納[9]的話：「格拉斯家族龐大且緊密連結這件事，就沙林傑最在乎的感受而言很重要。對他來說，現實的本質存在於個人關係中，當人們無論多麼痛苦，仍能彼此相愛。」

你幾乎可以隔著玻璃聞到一股霉味。對於一個以版稅致富的人而言，有這樣子的客廳很令人驚訝：據報導，光是《麥田捕手》一年仍能賣出二十五萬本。

房子的主人正面對著另一組玻璃門——客廳的四周皆是玻璃門——很自在地坐在椅子上，看著便攜式電視，在本子上寫字。我知道他會在家。

9 亞瑟．麥茲納（Arthur Mizener）：美國學者、作家，著有市面第一本沙林傑傳記《天堂的彼岸》（*The Far Side of Paradise*）。

我在這段期間得知，他只會出門採買生活必需品，或者如果碰巧發生火災，他才會離開屋子。每個工作日，他都會開車到最近的聚落——佛蒙特州溫莎縣（人口四千人），他二十五年來與世界聯繫的救生索——並匆匆停靠三站：郵局、大聯盟超市和溫莎報攤（在我透過店員傳字條後，他便不再到布魯克斯藥妝店買《紐約時報》了）。據說他對待報攤員工「溫和有禮」，對待女性「風度翩翩」。甚至有個青少年店員在找別的工作，他還當了那個店員的推薦人。

在街上，他是一個孤獨、幾乎可說是可憐的人，沒什麼人能認出他，走路時帶著恐懼，步伐毫不輕快（一種非常不像軍人的走路方式），來去匆匆，好像他是在火星上，氧氣不足以讓他撐到家。如果你在他看到你之前就看到了他，而他是你兒時的偶像，你會想回家哭一會兒。

「人們想親近他，」一位溫莎商會的幹事說，「但他很保護隱私，他的隱私就像氣球一樣，你會害怕一旦你開始深入對話，那顆氣球就會破掉。」一位退休的科尼許鎮鄰居則認爲：「大家都想要像沙林傑一樣，他卻想要像大家一樣。」

「他以前住在這裡，」那普午餐店（Nap's Lunch）的女服務生說，「孩子們像門徒一樣傾聽他說的每一句話。他們仍會閱讀他寫的東西，但現在倒不如說，他就是一個住在兩千英里外的作家。」

不是每個人都贊同沙林傑的生活方式，但大多數人都非常害怕他對他們的看法，以至於他們要求自己的評論得保持匿名。「他又來找我說話了，」一位退休的英語老師嘆了口氣，沙林傑指責他幾年前曾向一位《時代》雜誌記者透露他的行蹤。

那些不知疲倦的記者們每年仍會長途跋涉到這裡，卻無法從《溫莎記事報》（*Windsor Chronicle*）得到幫助，根據出版商南西．沃克

（Nancy Walker）的說法，這家一周發行一次的小報制定了一項「尊重這個人的隱私」的政策，並且從未刊出過有關沙林傑的報導。過去十四年來，大眾僅聽過一次沙林傑的聲音：《紐約時報》報導了一九七四年他打來的電話，抗議舊金山一個團體未經授權出版他的小說集的種種。據說他回覆的唯一一封信來自新新（Sing Sing）監獄的一名囚犯。

沙林傑在玻璃前發現了我，他繞過一隻熟睡的德國牧羊犬，然後不耐煩地踢開一根將關上的玻璃門卡住的木條。自從我上次見到他，他又老了一歲：他的前額和臉頰上的皺紋更深了。他穿著褪色的藍色牛仔褲、網球鞋和白襯衫，袖子捲到瘦骨嶙峋的肘部。他仍然看起來一副在頭痛的樣子。

我感謝他幫助我進入更現實的心態。

「你現在看起來好多了，」他一臉平淡地說。我微笑了一下，他也跟著微笑，但他還是拱著肩站在門口，彷彿在保護他那鬱悶的屋子。「你還在當記者嗎？」我點了點頭。「你上次想欺凌我，」他說，「你試圖利用我改善你的作家事業。我能給出的唯一建議就是，閱讀其他人的作品，從書中獲取你能得到的，並對於作者所言做出自己的詮釋。不要糾結於批評及那些瘋狂的言論。融入你的經驗，但不要寫出事實，發揮你的創造力。策劃你的故事，不要做出輕率的決定。然後，當你寫完的時候，你就會陷入自己的苦惱了……。」他充滿活力地傳授著，搖頭晃腦，雙手揮舞著。他看起來開始很享受，但突然在一句話中間停下來等我說話。沙林傑，喋喋不休？眞的很迷人。

當我放眼眺望陽光照耀下眞實的綠色山丘和山谷，我被一種自由和開放的感覺所環抱。在這裡怎麼可能有什麼好隱匿的事？「如果我之前打擾了您，我很抱歉，」我說。

「如果你有先寫信給我的話，我就能讓你省下長途跋涉的麻煩了。」

「我有啊。五次。您沒收到那卷關於您寫作生涯的音樂錄音帶嗎？」

「錄音帶？」他臉上突然沒了表情。「我可能有收到吧。可能和其他東西放在一起。」

我說：「您的作品似乎會使讀者在心中產生依戀之情。」

「但不該歸咎於我，」他大聲說道，「這不是法律上的義務，我沒有什麼好負責的。」他的作品是爲了享受和娛樂而寫的，而不是爲了研究或精神分析，他說，口吻帶著過度的強調。

「您還沒向您的書迷解釋您爲何逃避他們，然後不再出版作品。」

他挑眉，「作爲一名面向公衆的作家妨礙了我享有私生活的權利。我爲自己而寫。」

「您不想分享您的感受嗎？」

「不，那是錯的。」他手指比出槍的形狀，「作家都是這樣惹上麻煩的。」他不必讓自己身陷《麥田捕手》最後一段描述的情況，受其折磨：「我很抱歉把這件事告訴那麼多人……眞是可笑。永遠不要告訴任何人任何事情。如果你這樣做了，你就會開始想念所有人。」

離開前，我邀請他找個晚上和我喝一杯。「謝謝，但不了。」他幾乎是淘氣地一笑，展現了演員的天賦。「我最近很忙。」

門關上，隱藏自己的多愁善感者傑羅姆．大衛．沙林傑再次躲了起來，不是躲到新英格蘭的一個小鎮，也不是躲到他的孤獨小屋，而是躲到他腦裡的安全狀態。

後記[10]

沙林傑是我愛過的第二個男人。第一個是我的父親弗雷德，他對我的愛至深至切。但爲什麼我當初要跟著沙林傑進入那片叢林深處？當他只想要裝聾作啞，爲何我要離開我的家人，放下我的工作，拋掉我的理智，開了四百五十英里的車去向他獻上尊崇敬意？我在沙林傑家的車道下遇到他時，他要求我回答他的問題。他問：「你在接受心理治療嗎？」

是我瘋了嗎，傑瑞？嘿，我承認我可能因爲你和你私密的想法感到孤單，但你不才是那個因爲無法忍受批評和書迷，而在事業巔峰時期停止出版作品的人嗎？那個躲在沒有暖氣和水的房子裡的人，不是你嗎？那個害

---

10 撰於二〇一六年。

怕離開家，害怕別人的意見，害怕變老的人，不是你嗎？

在一九七八年那次採訪接下來的二十五分鐘裡，我讓世界上最著名的神經質文豪參加了一場書迷對上作家的乒乓球比賽，一年後我們繼續這場比賽。好吧，他僥倖猜中了我看心理醫生的事。在接下來的二十五年裡，我看了三位心理治療師，服用了多種抗憂鬱劑，參與了恐懼和心理學相關的一些課程，終於不得不承認自己至少是個憂鬱症患者，且也許（這對我的傷害會比你更大）還是個自戀狂。

與沙林傑碰面之前，我在安大略的伊利堡[11]做了十年的自由寫手，爲兩家小型日報、一家周報，以及《水牛城晚報》（*Buffalo Evening News*）撰寫體育新聞。一九七三年我結婚時，妻子珍妮佛和我買不起房

11 伊利堡（Fort Erie）：加拿大城鎮，位於尼加拉河注入伊利湖出口的西岸，東岸則爲美國水牛城。

子。有段時間，她在百貨公司找到了一份工作，而我是自由工作者，白天和我們年幼的兒子保羅待在家裡。到了晚上，我努力成爲小說家，書寫的故事涉及情感關係以及內心複雜、有時受人誤解的人物，而他們之中一些人有自殺傾向。

我們知道自己無法以這種生活安排獲得成功，所以我們沿著尼加拉河搬遷二十英里，到了尼加拉瀑布市[12]，但我不得不放棄我的自由工作，並持續靠救濟金過了幾個月。我們當時有了第二個兒子凱文，我從醫院回家時很沮喪，因爲我們眞的給不起他好的生活。最終，我找到了兩份短期工作，一份是爲尼加拉公園委員會割草和清潔洗手間，我父親在那裡當木工，而另一份則是拿政府的補助金，爲尼加拉瀑布的心理健康部門工作。

12　尼加拉瀑布市（Niagara Falls）：隔著尼加拉大瀑布，美、加兩岸皆有名爲「尼加拉瀑布」的城鎮。

對，讓我們雇用這個沮喪的男人，看看效果如何。

我不知道我當初的工作內容爲何。我坐在辦公桌的一側，應該是心智正常的人所坐的那側，我幫助了大約十幾個走進這部門的人，他們都有情緒和精神問題。我們在地下室射飛鏢，在外面擲馬蹄鐵，試圖在他們手裡拿著可以丟的東西時，控制住他們的憤怒。有個小伙子叫丹尼斯，似乎很喜歡我。他過去用剁肉刀時曾出了些問題，並說如果他戴上手套，要小心他的怒火。另一個人名叫彼得，有一些嚴重的問題，但不會傷害人，他會整天念叨著這樣的話：「如果你看到瑪妮」——醫院的一名社工——「我不介意她的金色頭髮。」他重複說著一些事情，有時就像達斯汀．霍夫曼（Dustin Hoffman）在電影《雨人》（*Rain Man*）中飾演的自閉症角色，但他似乎喜歡來射飛鏢（他說「這是一個簡單的遊戲，一個簡單的遊戲」）。這些病人不知何故讓我想起了霍爾頓．考爾菲德的某一面，他講述《麥田捕手》時，就是在當時所謂的精神之家[13]。也許我可以帶丹尼斯和彼得去見沙林傑。他們眞的讓我感覺好多了。

後來，我在《尼加拉瀑布評論》（*Niagara Falls Review*）找到了一份全職記者的工作，儘管發行人高登．莫瑞（Gordon Murray）說我先前自由撰稿的報導「充斥著陳腔濫調」。哎呀。起初，我很享受這份工作，尤其是能聽到加拿大通訊社的收報機在角落嗒嗒作響，但是我沒有自由撰稿時的自由，而且我晚上太累了，無法寫太多小說。我跑的是警察線，尼加拉瀑布市美麗卻俗氣，有很多跳瀑布自殺、妓女及紐約邊境毒品流竄的報導可寫。

我的另外兩個問題是，他們讓你像個流浪漢一樣工作，而且我加班時

13　精神之家（mental home）即精神病院之舊稱，現已不再使用。

間太長了——我會在凌晨四點聽到消防車從我家經過按喇叭，提醒我注意縱火犯。我覺得沒有人能和我在哲思上產生共鳴（不是一直都是這樣嗎？）。我和另一名《尼加拉瀑布評論》的記者變得很親密，不過我們沒有發生肉體關係。也許我應該去看心理醫生。但我反而我去見了沙林傑。

當時，我甚至不知道他還活著，直到我在《環球郵報》[14]上讀到一篇來自波士頓的電訊報導，講述一篇剛刊登於《君子》雜誌的短篇小說，有線索指出這篇神秘、未署名的作品可能是由沙林傑所撰寫。顯然，五十九歲的沙林傑在新罕布夏州過著隱士的生活，十三年來沒有發表任何作品，儘管他的經紀人說他仍在寫作。顯然，他有一組非公開的電話號碼；否則就沒有我可以使用的生平資料，也沒有找到他的線索。但也許霍爾頓在

14《環球郵報》：設立於加國多倫多市的全國性報紙。原文爲 *Toronto Globe and Mail*，不過一般通稱爲 *The Globe and Mail*。

《麥田捕手》中說的話有一些線索可循：「如果有人想告訴我什麼事情，他們必須寫在一張紙上，然後塞到我手裡。」

我寫了一封信，並附上一捲收錄數首歌的錄音帶：

一九七七年，夏

親愛的沙林傑：希望您不會介意我寫信打擾您，但我覺得自己認識您很久了……請見隨信附上的錄音帶，我認為之中收錄的音樂與您的寫作生涯有所關聯。

祝一切順利，

麥可．克拉克森

其中包含了一小段柯爾・波特的〈這只是其中之一〉[15]、一小段派特斯的〈煙霧蒙蔽你的雙眼〉[16]（他筆下人物喜歡的一首歌）、一小段羅伯特・伯恩斯的〈穿過麥田而來〉[17]、一小段湯米・杜西的〈印度之歌〉[18]（與他對東方宗教的熱愛有關）、一小段薇拉・琳恩的〈如果你愛我（眞的愛我）〉[19]，以及四十七秒的〈我愚昧的心〉[20]，這首歌曲來自唯一一部根據他作品改編的電影，由瑪莎・米爾斯所演唱。

---

15 前文曾提及此爲沙林傑最愛的曲子，由柯爾・波特（Cole Porter）創作詞曲。

16 〈煙霧蒙蔽你的雙眼〉（Smoke Gets in Your Eyes），歌手爲派特斯（The Platters），俗稱「五黑寶合唱團」。

17 此爲蘇格蘭詩人羅伯特・伯恩斯（Robert Burns）之詩作，原名爲“Comin' Thro' the Rye”，在《麥田捕手》中，主角霍爾頓其中之詩句「要是有個人在麥田裡遇到一個人」誤聽爲「要是有個人在麥田裡捉到一個人」，由此產生「麥田捕手」一詞。

18 〈印度之歌〉（Song of India），演奏者湯米・杜西（Tommy Dorsey）。

19 〈如果你愛我（眞的愛我）〉英文歌名爲“If You Love Me (Really Love Me)”，歌手爲薇拉・琳恩（Vera Lynn）。

20 〈我愚昧的心〉（My Foolish Heart），歌手爲瑪莎・米爾斯（Martha Mears）。

然後我又寫了一封信：

一九七七年，秋

您好，又是我，

我注意到在你的一篇故事中，有個角色在談論美國和加拿大基本上有怎樣的相同之處。我同意我們的生活方式非常相似，但我們沒有那麼外向、民族主義或驕傲；在美好的一天，我們可能會哼唱國歌。有時我想覺得自己無法撐過這個……

接著又一封再一封：

該死的無用對話，第四部分

一九七七年十二月

親愛的傑瑞：

希望你不會介意我不拘禮節的稱呼，但我覺得我已經認識你夠久了，熟到有資格直呼你的名字。我看到你有（可能有！）一則短篇小說刊登在《君子》雜誌上，但疑點重重……我越來越飢渴地想看到沙林傑的新作了。你的書迷的這份渴望會被滿足嗎？關於霍爾頓．考菲爾德，還有更多故事可說嗎？我自己的寫作正進步中，但能不能出版作品還很難說。希望你收到了我那捲音樂錄音帶。我依舊隨時歡迎你來訪，你會很享受冬天的尼加拉大瀑布。很壯觀。

祝 一切順利

麥可．克拉克森

沙林傑沒有回覆我的任何一封信，我的壓力越來越大，感到越來越空虛和孤獨，儘管珍妮佛在持家方面是個好伴侶，也是個好母親。由於《麥田捕手》，我認爲沙林傑可以幫助我，因爲他將霍爾頓描寫爲麥田裡的捕手：「我必須做的是，如果他們開始越過懸崖，我必須抓住每個人——我的意思是，如果他們在奔跑卻沒注意自己正跑向懸崖，我必須從某個地方出來抓住他們。」

一九七八年六月十三日，我與珍妮佛、保羅和凱文吻別，坐上福特跑天下（Ford Cortina），繫上安全帶，前往美國，前往新英格蘭。那時沒有網路地圖、手機或谷歌，我只有一張從加油站取得的褪色東海岸路線圖。腎上腺素抑制了我的憂鬱——我要去見沙林傑本人了。

長途駕車通常是孤獨的，就像我該死的餘生一樣，但我眞的不需要音樂，因爲我體內的管弦樂團正在嗡嗡作響。我正要去見一位我素未謀面的老朋友。我試著想像他的樣子；我只能憑一張二十五年前的黑白照片認出他，他強力要求從《麥田捕手》的書衣拿掉這張照片，因爲他認爲讀者應該關注作家的故事所傳達的訊息，不該被其個人生活及照片轉移注意力。我開始覺得他會喜歡我，因爲我很像他。世界上的其他人管他們去死。

第一次加油時，我清理了放著菲多利[21]零食及沙林傑書籍的副駕駛座，這樣之後他可以坐了。我不知道我們會去哪裡，而且我沒有很多現金可以買額外的東西。也許我們可以從《麥田捕手》的續集開始聊。

到了科尼許鎮公所附近時，一位在她的花園裡採花的婦女指著一條混著泥沙的碎石路說，沙林傑住在「往山上走五英里的地方」。在接下來的四十五分鐘裡，我在那座小山中開上開下，路上的碎石發出很大的噪音，

21 菲多利（Frito Lay）：百事可樂旗下的零食公司。

經過數間農舍、數塊空地、數間沒有草坪要照料的房子、一間有超大天窗的房子、一條通往下一個山丘和山谷的泥沙路，以及一些很友善的人，但這些人樂於合作的程度和他們的乳牛一樣。我想知道還有誰在隱瞞什麼，或者是誰在隱瞞。那裡有禁止狩獵、捕魚及非法入侵的標誌，但沒有關於跟蹤的標誌。

將近四十年後的現在，我並不後悔當時接下來發生的事情，但我仍然對發表這個故事有種複雜的感覺。我不喜歡剝削別人，但某方面來說，我認爲我這麼做了。這很錯綜複雜。回到家後，我覺得我也有義務向許多被拒之門外的書迷，以及有義務爲沙林傑本人，將我得到的訊息傳達出去。然而，我仍然有一種剝削的感覺。

現在，我生命中的燈塔是我結婚四十三年的妻子，還有我的兩個兒子及兩個孫女。沙林傑啓發了我的散文體寫作，不過我選擇進入非小說領域。我已經出版了八本著作，主要是關於心理學、恐懼和壓力的書籍，並就這些主題發表了一些專業的演講。我希望幫助人們解決自己的壓力及憂鬱的問題。

按照這位文學大師的方式，我在伊利堡的後院建了一座木造堡壘，並定期去那裡，在篝火前寫作，思忖著鴨子們冬天去哪裡了[22]。

22 在《麥田捕手》中，主角霍爾頓反覆詢問的一個問題就是，入冬後，中央公園的鴨子去哪了。

“A FROZEN MOMENT IN TIME”

「一個凍結的瞬間」

貝蒂・埃普斯（Betty Eppes）採訪
《巴頓魯治倡導報》（*Baton Rouge Sunday Advocate*）
一九八〇年六月二十九日

首先，對於霍爾頓．考菲爾德，已經沒有更多可說的了，所以我們不妨停止提出關於他的假設性問題。如果你想知道真相，這一切都在書中。我問過老沙林傑，他告訴我：「再讀一遍。一切都在書中。霍爾頓．考菲爾德只是一個凍結的瞬間。」

我知道這就是你必須馬上知道的，不然你永遠不會讀出沙林傑所要說的，給予他這種尊重。如果我一路來到新英格蘭，與沙林傑站在街道中央，每個人都向我們伸長脖子，而我只問他一個問題，這就太蠢了。縱使這是個自從《麥田捕手》問世的那一刻起，大家反覆談論的問題。對此，沙林傑的態度很友好，進城來和我談論。既然他確實創造了霍爾頓．考菲爾德，並把他交給了我們，作為回報，至少我們可以靜靜地坐著，直視沙林傑因決定出版《麥田捕手》而讓自己陷入的混亂局面。這是應該有的禮貌，縱使沙林傑從來沒有讓老霍爾頓長大。

J·D·沙林傑從黑暗的廊橋[1]洞口走出來，踏進早晨十點左右的白色日光之中，沿著橋街[2]前往我前一天短箋中指定的地點。

沒有哪個在世的美國作家比沙林傑迷住更多追隨者。他是短篇小說作家，也是《麥田捕手》中的主人翁霍爾頓·考菲爾德的創造者。沙林傑的追隨者分爲兩大陣營：一派欽佩他非凡的寫作能力，另一派則崇拜傳奇人物霍爾頓。兩派都很狂熱，幾乎是發了瘋似地想找出爲什麼沙林傑不再發表作品，且對他們置之不理。尋求眞相極其困難，因爲沙林傑已經自我流放生活了二十七年。他很少冒險進入公共場所，避免人際互動，也不願意拍照。

---

1 科尼許—溫莎廊橋（Cornish-Windsor Covered Bridge）：建於一八六六年，是美國現存最長的廊橋。

2 橋街（Bridge Street）：溫莎鎮的街道，沙林傑自科尼許家中前往溫莎市區的必經之路。

沙林傑走在佛蒙特州溫莎鎮楓樹成蔭的街道上，只有他的身高符合我的預期。他六十一歲了，他的銀白頭髮像陽光燦爛的早晨一樣，閃耀得刺眼。他隨性地穿著牛仔褲和襯衫外套，但這種隨性並不適合我們的相互問候。他伸出的手顫抖著，語氣裡既沒有熱情也沒有歡迎，他問了一個他總是會問的問題：「你爲什麼而來？」

當時的氣氛充滿了緊張感，他似乎準備要發飆了。霍爾頓·考菲爾德似乎是最安全的談話起點。

「有關霍爾頓·考菲爾德，沒有更多可說的了，」沙林傑解釋道，「再讀一遍。一切都在書中。霍爾頓·考菲爾德只是一個凍結的瞬間。」

一九五三年沙林傑接受了一位高中生的學校報紙採訪，在那次訪談中，他回答了《麥田捕手》是否爲自傳體這個問題。「有點吧，我寫完這本的時候大大鬆了口氣。我的少年時期與書中男孩的非常相似，能告訴人們是一大解脫。」但到了一九八〇年，在溫莎橋和美因街的交叉處，沙林傑迴避了這個問題。

他說：「我不再了解霍爾頓了。我不知道，」一邊緊張地將站立的重心從一隻腳轉移到另一隻，一邊摸著夾在腋下的公事包。「我確定我有這樣說過，但我不再知道了。」

經徹底調查沙林傑的背景，並研究《麥田捕手》後，便能發現兩者間驚人的相似之處：考菲爾德是紐約人。而傑羅姆・大衛・沙林傑一九一九年一月一日出生於紐約市，母親是愛爾蘭人，父親是猶太人。考菲爾德的家庭很富裕。而沙林傑和他的姊姊多莉絲在曼哈頓長大，享受著父親昌盛的肉類進口生意所帶來的舒適生活。

他們教育背景的相似性很明顯。考菲爾德和沙林傑都上過公立小學，都遭到至少一間預備學校退學，且都對寫作很感興趣。考菲爾德擅長英文，而沙林傑則是他預科學校年鑑的編輯。然而，沙林傑從賓夕法尼亞州的佛吉谷軍事學院畢業，超越了考菲爾德。

或許沙林傑如今不願意承認《麥田捕手》是自傳體，是因爲他與考菲爾德不同，他的年紀增長了。

沙林傑在一九三七年到波蘭學習火腿運輸之前就讀於紐約大學。他之後沒有涉足肉類生意，但他學到的法語和德語，在服兵役期間證明是無價的。

他於一九四二年被徵召入伍，並被派往海外，在反情報部隊服役。事實證明，他對外語的精通是找出敵方間諜的寶貴工具。他參加了諾曼第登陸，並在戰爭結束時返回美國。

鑑於沙林傑的家庭背景，爲什麼要當作家而不從商？

「我不能確切地說出我爲何成爲一名作家，」沙林傑說，「每個人都不一樣。」我追問成爲作家是否是一個有意識的決定，他搖了搖頭，凝視著佛蒙特州的青山，「我不知道，我不知道。」

但他確實成爲作家了。

他參加了惠特・博奈[3]一九三九年在哥倫比亞大學的短篇小說課程，被徵召之前，他的短篇小說已發表於《科利爾》雜誌、《星期六晚郵報》及《君子》雜誌。一九四一年，沙林傑將霍爾頓・考菲爾德初次登場的短篇小說賣給了《紐約客》雜誌，但是過了五年才刊出。這部作品確立了他作爲才華橫溢的作家的地位。一九五一年，《麥田捕手》的出版爲沙林傑贏得了不同凡響的贊譽和知名度。然後沙林傑就轉身走開了。

---

3 惠特・博奈（Whit Burnett）：美國作家和教育家，創立了文學雜誌《故事》（*Story*），收錄、出版了許多日後成爲一流作家的早期作品。據統計，在一九三四年至一九四六年間，有二十五位《故事》雜誌的作家贏得了二十七項短篇小說桂冠的歐亨利獎。

他提及了自己與世隔絕的原因。他說：「我不可能預見到自從我開始寫作事業以來所發生的一切，有時我幾乎希望我從未發表過作品。」針對未來出版計劃的問題，沙林傑回答說：「我目前完全沒有出版作品的計劃。」他的站姿顯得焦躁不安，說話也很不耐煩。「我現在想要的就是寫作，然後完全不受打擾。」

《麥田捕手》的年銷售量仍達四十萬冊，且每三個閱讀這本書的青少年中，就有兩個認爲沙林傑是位全知的大師（guru）。他們渴望從他那裡得到進一步的消息，並猜測霍爾頓．考菲爾德長大後會是什麼樣子。自從《麥田捕手》出現以來的三十年裡，沙林傑的傳奇已經膨脹成神話。

沙林傑仍然是個謎。他居住在偏遠的新罕布夏州科尼許鎭，他的住家位於一處幾乎人跡罕至的懸崖上，是一棟瑞士木屋式的房子，他很少與外人交談。沙林傑對東方宗教感興趣的傳聞可能提供了關於他的線索。他的一些作品絕對是實驗性的，這些作品講述了虛構的格拉斯家族。此外，他也以純粹的禪宗思想評論了作品的主題與課題。

他說：「有太多東西無從得知。我們每個人必須找到自己的路，當然這一路上我們會做各種決定，但作品的主題可能會選擇作家。」

一九五五年，他娶了曾就讀於拉德克利夫學院的克萊兒・道格拉斯。已經離婚的他們有兩個孩子——現年二十四歲的瑪格麗特・安及二十四歲的馬修。儘管與世隔絕，沙林傑還是有一群關係緊密的朋友及親戚。一些認識沙林傑的人評論了他——評論他這個人，而非他的神話。

「他是個非常好的人，」溫莎某家專賣店老闆說，「只要你讓他先開口。你不能主動接近他。你必須讓他邁出第一步。僅僅因爲他有一天對你說了什麼，並不意味著他會在第二天做同樣的事情。任何不以這種方式與他打交道的人就是等著被冷眼相待。」

在沙林傑去收取信件的郵局附近的街道上，一位十幾歲的男孩問道：「你有見到他嗎？他把車停在廊橋的新罕布夏州那一側。廊橋已經關閉，他便從那裡步行到郵局，免了一趟七英里[4]的車程。你可以看出他很健康，可以走這一段路。與他相比，我很胖，但大家都看得出來，我不是個胖子。我當然欣賞一個會保持身材的男人。」

「是的，他是我的一個朋友，」一位鄰居說，「我保有這個朋友的方式是，從不主動向他提起他的作品。當然，他會時不時地和我談論這件事，而我總是願意聽聽他願意說什麼，或更多。但我學到，你不能問沙林傑先生問題。他不想被煩擾。」

在鄰近的新罕布夏州克萊蒙特市（Claremont），有家沙林傑偶爾會

4 編按：此處應是作者筆誤，廊橋距離郵局實爲〇・七英里。

光顧的書店，那裡的老闆分享了她對他的觀察：「他是如此古怪的人，不像你見過的任何顧客。他會走進店裡，然後希望你連話都不要說。如果你問他需不需要幫助，他只會搖搖頭走開，自己逛。如果說他有買過什麼，且他可能眞的有買過什麼，我也不記得了。有一天，他進來的時候，我的女兒和我在一起。她非常高興。她拿了一本他的書，走過去向他要簽名。他簡短地告訴她，他不給簽名的，然後便轉身走了出去。他是個古怪的人。」

沙林傑拒絕簽名的行爲已經讓崇拜他的人們困惑了三十年。

「我不會這樣做，」他解釋道，「這是一個毫無意義的動作。男演員、女演員這樣做沒問題，他們只有臉和名字可以給。但作家就不一樣了。他們奉獻出自己的創作。簽個名不代表什麼。太廉價了，我不做！」

沙林傑說自己變得很憤慨。他瞇起那雙有著明亮深色眼珠的眼，皺著眉，堅定地說：「我受夠了在電梯裡被攔下說話，在街上被叫住，我也受夠了闖入我私有住宅的人。三十年來，我的立場一直很明確，我不想被打擾，完全不想。爲什麼我的人生不能只屬於我？」

他轉過身準備離去，但停下來回答他是否還在寫作。

「有的，我還在寫，」他說，「我告訴過你，我喜歡寫作，且我向你保證，我常常寫。但我是爲自己寫。爲了我自己的樂趣。我想獨自一人做這件事。」

說完這些話，他沿著橋街向廊橋走去。看著他高大敏捷的身姿消失在陰影中，我的腦海中浮現出了一個又一個問題。如果J·D·沙林傑是眞心誠意渴望著隱士般的生活，那爲何他要走九英里[5]來和一個完全陌生的

5　同前注，「九英里」應爲筆誤。

人交談呢？難道他想要被人記住、想要作品被閱讀，卻不願意付出被記住的代價？重新思考我們的相遇，我必須以他總是會問的問題反問他——沙林傑，你爲什麼而來？

要想擁有絕對的隱私，所有的門都必須保持絕對關閉，霍爾頓老兄可能是第一個明白的人。

THE LAST INTERVIEW

最後的訪談

根據通知，由被告方於一九八六年十月七日下午兩點十分，在紐約州紐約市公園大道二三〇號郵遞區號一〇一六九，薩特利和斯蒂芬斯先生律師事務所（Messrs. Satterlee & Stephens），並在速記員唐娜．羅傑斯（Donna Rogers）與紐約州公證人面前記錄之原告傑羅姆．D．沙林傑證詞

一九八〇年代初期，英國文學評論家兼傳記作家伊恩·漢米爾頓著手撰寫第一本完整的沙林傑傳記。漢米爾頓從蘭登書屋獲得了十萬美元的預付款，他寫信給沙林傑要求合作。沙林傑的回覆宛如砰地一聲關上了門，再把門釘死：

顯然，不管在哪，報社或出版社都能完全合法地「委託」某人，打著良好的新聞報導或有益的學術研究等不實名義，侵犯沒有被合理懷疑犯罪之人的隱私，並且侵入此人之親戚、朋友的生活，無論是用多麼迂迴的方式。對我來說，這一直是極其可怕和幾乎無法參透的奇事。很久以前，我就已經不期望在這種風氣中找到任何正義了。更不用說任何美德或操守。

奇怪的是，漢米爾頓將這赤裸裸的懇求——幾乎算是痛苦的尖叫——解釋爲慫恿的話語。他將這封信拿給一位文學界的友人看，友人回說「我不能阻止你」，意思是「請繼續」。

這位傳記作家引用了他在各種檔案中找到的大量沙林傑信件，鑄成了更嚴重的大錯。那些信件的內容很是生動。當年，沙林傑的戀人烏娜·歐尼爾[1]拋棄他而選擇年長他許多的查理·卓別林時，他形容這位演員「一絲不掛、灰撲撲地蹲」在五斗櫃上，「用他的竹製拐杖讓他的甲狀腺繞著他的頭旋轉，像死老鼠一樣。穿著海藍寶石長袍的烏娜在浴室裡瘋狂地鼓掌。」而當沙林傑看到《沙林傑：寫作人生》的出版前校對稿，他揚言要

1 烏娜·歐尼爾（Oona O' Neill）：美國女演員，諾貝爾桂冠作家尤金·歐尼爾（Eugene O' Neill）之女。沙林傑在入伍前曾與烏納交往，之後烏納前往好萊塢發展，並嫁給年近花甲的電影巨匠查理·卓別林（Charlie Chaplin）。當時人在軍旅的沙林傑得知後，氣憤地寫信給烏納，信中對卓別林極盡嘲諷。

提出侵犯版權的起訴。

漢米爾頓改寫了沙林傑的最佳台詞，產出了這本書籍的另一份草稿。但重寫沒有用，沙林傑還是提出訴訟了。沙林傑說他「沮喪到了極點」，發現這本書的「關鍵部分」是用自己的話寫的，漢米爾頓所做的任何改寫都只是「一些虛飾的改變」。隨著法院審理此案，這本書的出版進度延遲了。漢米爾頓認爲這位作家是在虛張聲勢：

如果沙林傑不肯放棄訴訟，遲早將不得不親自露面——無論是在法庭上，還是在蘭登書屋律師的辦公室。至少，他將被要求提供證詞，也就是要接受訪談。但我們都太清楚了，沙林傑這個男人不接受訪談的。

但是，他這次接受了。

蘭登書屋與漢米爾頓的律師爲羅伯特．卡拉基，他曾代表馬克．吐溫，任職於知名的薩特利和斯蒂芬斯律師事務所。卡拉基告訴《紐約》雜誌，六十八歲的沙林傑雖然耳朵有點聽不太到，但保養得非常好。「他的頭髮半白，面貌冷峻，衣著考究，看起來頗爲健壯。他更像是一個商人而非作家。對於自己必須接受訊問一事，他有點反對。」

有點？最好是。

卡拉基：請您說出姓名及地址以便記錄。

沙林傑：傑羅姆．D．沙林傑，新罕布夏州科尼許鎮朗路（Lang Rd），郵遞區號〇三七四五。

卡拉基：沙林傑先生，您在新罕布夏州的科尼許鎮住了多久了？

沙林傑：大約三十年。

卡拉基：您現在有受僱的工作嗎？

沙林傑：不，我沒有受僱的工作。

卡拉基：您是否持有任何公司的股份——

沙林傑：沒有。

瑪西雅．保羅（沙林傑的律師）：沙林傑先生，您何不等卡拉基先生問完問題？我不確定卡拉基先生已經講完他的問題。

沙林傑：他的說話聲低下來了。（對著卡拉基）請說。

卡拉基：您是否與享有您任何文學作品權利的任何合夥關係有任何利益關聯？

沙林傑：沒有。

卡拉基：您目前在科尼許鎮的家中與誰同居？

保　羅：我要以關聯性爲由，反對這個問題。

卡拉基：想確定的是，沙林傑先生是否爲某些作品的版權所有者，或者他是否可能已將權利轉讓給他的妻子或孩子或之類的，這就是這個問題的目的。

保　羅：如果您能撤回剛才這個問題，在您爲這個方向的提問作結之際，若覺得必要，再提出一次，我會很感激。

卡拉基：好吧。（對著沙林傑）沙林傑先生，您最後一次撰寫任何一部小說作品以供出版是什麼時候？

沙林傑：我不確定。

卡拉基：在過去二十年的任何時候，您是否曾撰寫過一部供出版的小說？

沙林傑：你是說，已經出版的？

卡拉基：已經出版的。

沙林傑：沒有。

卡拉基：在過去二十年的任何時候，您是否曾撰寫過非小說類作品以供出版？

沙林傑：不，我沒有。

卡拉基：在過去二十年的任何時候，您是否曾撰寫過未出版的小說？

沙林傑：有。

卡拉基：您能敍述一下您所撰寫的未出版小說是什麼小說嗎？

保　羅：您說的是概要的描述嗎？

卡拉基：是的。

沙林傑：很難概要描述。就是小說，因爲我一直都是寫小說。

卡拉基：在過去的二十年裡，您是否曾撰寫過沒有出版的標準長度小說作品？

沙林傑：請你換個方式說。標準長度作品是什麼意思？你是指可以供出版？

卡拉基：相對於短篇小說或虛構的文章或雜誌投稿文章。

沙林傑：這非常難回答。我不是這樣寫小說的。我就是開始寫，然後看看會發展成怎樣。

卡拉基：也許更簡單的問法是，您可否告訴我在過去的二十年裡，您在小說領域的文學成果有哪些嗎？

沙林傑：我能不能告訴你，還是我願不願意告訴你？

保　羅：先生，如果您能回答這個問題，請嘗試以概述的方式回答。我認爲卡拉基先生是想要詢問您過去二十年來大致上寫了什麼。

沙林傑：就是一部小說。僅此而已。這是我唯一能眞的給出的描述。

卡拉基：當當您說「一部小說」，您指的是相對於多部小說作品的一部作品嗎？

沙林傑：這也是個要想很多的問題。我無法給你一個直接了當的答案。那是一部長篇的小說，這樣的描述最適切。

卡拉基：那篇小說目前是手稿的形式嗎？

沙林傑：相對於什麼？

卡拉基：相對於可能以各種狀態完成的零碎紙張的形式。

保　羅：我對這個問題的形式有異議。（對著沙林傑）如果您明白這個問題，您可以回答。

沙林傑：很難回答。答案實際上是兩種形式都有。

卡拉基：我是否可以理解為在過去的二十年中，您從事寫作並寫好了一部尚未出版的小說作品，而非多部作品？

沙林傑：我認為不能這麼說。很難定義。幾乎無法定義。我會與角色們合作，隨著他們的發展，我就從那裡繼續下去。

卡拉基：在過去的二十年裡，您是否與任何出版社簽訂了任何合約——

沙林傑：沒有。

卡拉基：——與您要撰寫的任何作品有關——

沙林傑：沒有。

卡拉基：您是否與任何雜誌就您將撰寫的任何作品達成了任何協議——

沙林傑：沒有。

保　羅：沙林傑先生，您能等到他問完問題後再回答嗎？

沙林傑：對不起。

卡拉基：在過去的二十年裡，您是否曾寫過短篇小說以供出版？

沙林傑：沒有。

卡拉基：您是否知道一個名字叫做伊恩．漢米爾頓的人？

沙林傑：聽說過這個人嗎？聽說過這個人嗎？[2]

卡拉基：對。

沙林傑：是的，我聽說過他。

卡拉基：您第一次注意到漢米爾頓先生是什麼時候？

沙林傑：實際上是大約三年前。

卡拉基：您能告訴我，您是在什麼情況下開始知道他的嗎？

沙林傑：能。

卡拉基：可以請您告訴我嗎？

沙林傑：可以。他寫了封信，告訴我蘭登書屋委託他撰寫一本我的傳記，除此以外，我一下子回答不出來；我不記得了。

---

2 編按：卡拉基詢問時是採用"know"（認識）這個字詞，沙林傑反覆確認，是不是指「聽說」（know of）過這個人。

卡拉基：您曾與他通過電話嗎？

沙林傑：不，我沒有。

卡拉基：除了律師，您是否曾向其他人談論過他？

沙林傑：可能有吧。有向我的經紀人說過，對。

卡拉基：除了您的代理人，您還有向任何人談論過漢米爾頓先生嗎？

沙林傑：有吧，我會這麼說。

卡拉基：有關您的代理人，我想您指的是您的文學經紀人[3]，請問您是向哈羅德・奧伯事務所之中的哪位談論過漢米爾頓先生？

保　羅：請記錄下來，沙林傑先生剛剛點頭回應了卡拉基先生的說法，即沙林傑先生指的是他的文學經紀公司。

3　“agent” 可指法律上的「代理人」（例如委任律師），另也可指「經紀人」，因此卡拉基向沙林傑進行確認。

沙林傑：抱歉。

卡拉基：您是向哈羅德．奧伯事務所之中的哪位談論過漢米爾頓先生？

沙林傑：桃樂絲．奧爾丁。

卡拉基：您第一次向奧爾丁女士談論漢米爾頓先生是什麼時候？

沙林傑：我不記得了。

卡拉基：那次討論的重點是什麼？

沙林傑：我想我告訴她——漢米爾頓來信的內容。

卡拉基：還有什麼您能想起來的嗎？

沙林傑：我記得的就這樣。

卡拉基：您也表示，您曾向其他人談論過漢米爾頓先生。您曾向誰談論過漢米爾頓先生的事？

沙林傑：這問題很難回答。幾乎任何聽說這件事正在進行中的人，都會問我這件事。但我一下子想不起任何名字。

卡拉基：您是否曾寄任何信給任何人，提及漢米爾頓先生正在撰寫的傳記？

沙林傑：我想沒有。

保　羅：請就您的記憶盡力回答。我剛剛只是想叫您等到卡拉基先生問完他的問題後再回答。

沙林傑：我明白了。

卡拉基：您是否知道某些您認識的人之前在與漢米爾頓先生合作撰寫這本傳記？

保　羅：我對這個問題的形式提出異議。（對著沙林傑）您可以繼續回答。我是爲留下記錄提出異議。

沙林傑：除非那些我認識的人寫信告訴我，我才會知道。

卡拉基：您收過這樣的信嗎？

沙林傑：有，我收過。

卡拉基：您是從誰那裡收到這些信的？

沙林傑：其中一個是我兒子；一些陸軍裡認識的人；我相信我姊姊、我女兒也寫信告訴我這件事。其他人我現在想不起來。

卡拉基：您現在是否持有那些從您的兒子、陸軍裡認識的人、您的姊姊以及女兒收到的信？

沙林傑：我相信我有幾封。

卡拉基：您今天有帶著那些信嗎？

保　羅：我可以回答一下嗎？信在我們的辦公室裡。我之前不知道這些信件在此次取證通知隨附的要求範圍內。我對於拿出這些信件沒有任何問題，並且也會這樣做。我們只是暫時手邊沒有這些信件。

卡拉基：我明白。（對著沙林傑）您是否會以書面形式回覆那些信件？

沙林傑：我可能有回一兩封信。

卡拉基：您是否曾保留那些信件回覆的複印本？

沙林傑：我不確定。

卡拉基：您記得您可能以書面形式回覆過誰嗎？

沙林傑：不，我現在一下子想不起來。

卡拉基：我將對您的律師提出請求。如果沙林傑先生保留著他收到那些關於漢米爾頓傳記著作的信件後的回信複本，我會要求出示那些複印本。

保　羅：我們將試著確定是否有任何此類文件存在，以及是否由此證人[4]所持有、保管、掌控。若我方確定了，將立即告知您這些文件是否如

4　此處證人指的就是沙林傑，根據美國聯邦法院規定，以民事案件來說，證人可以是訴訟中的一方。

前句所述，並在建議下接受出示這些文件的要求。

卡拉基：沙林傑先生，您還記得您在回覆的信件中所說的話嗎？

沙林傑：不，我不覺得我確實記得。

卡拉基：您是否鼓勵了那些人與漢米爾頓先生合作？

沙林傑：沒有。

卡拉基：您是鼓勵還是勸阻他們與漢密爾頓先生合作？

沙林傑：通常是事後他們才告訴我，他們是否曾和他合作。

卡拉基：在這點上，如果您有對他們說過什麼話，您還記得說了什麼嗎？

沙林傑：不，我現在想不起來。

卡拉基：我要要求法庭記錄員將一封沙林傑先生寫給伊恩．漢米爾頓的信標爲第一個物證，這封信未註明日期，但附在哈羅德．奧伯事務所於一九八三年八月四日寄給羅伯特・L・伯恩斯坦[5]的信中。

（附於一九八三年八月四日哈羅德・奧伯事務所致羅伯特・伯恩斯坦的信函中之沙林傑先生致伊恩・漢米爾頓的信函，於本日標為被告方物證A以資識別。）

卡拉基：沙林傑先生，我向您展示標爲物證A之文件，並請問您是否從桃樂絲・奧爾丁那裡收到了構成此物證的第一封信之複印本？

保　羅：您明白這個問題嗎，沙林傑先生？您指的只有第一頁？

沙林傑：我不確定我是否理解你的問題。問題是什麼？

5　羅伯特・伯恩斯坦（Robert L. Bernstein）：當時的藍登書屋總裁。

保　羅：請問您收到一份複印本了嗎？——卡拉基先生，請讓我來問——您收到了本物證第一頁的複印本了嗎？

沙林傑：不，我沒有。

卡拉基：在一九八三年八月左右，您是否要求您的文學經紀人就漢米爾頓即將出版的傳記，聯繫蘭登書屋？

沙林傑：沒有，我不記得這樣做過。

卡拉基：你第一次知道哈羅德．奧伯事務所的桃樂絲．奧爾丁寫信給蘭登書屋是什麼時候？

沙林傑：我想我從來都不知道。我不清楚。我完全不知道這封信。

卡拉基：今天是您第一次看到物證A的第一頁嗎？

沙林傑：對，是的。

卡拉基：翻到物證A的第二頁，這是一封寄給蘭登書屋的信，請問這封信是

　　您寫的嗎？

沙林傑：是的。

卡拉基：您將這封信寄給漢米爾頓先生了嗎？

沙林傑：是的。

卡拉基：您記得您是什麼時候將這封信寄給漢米爾先生的呢？

沙林傑：不記得了。那上面沒有日期。那上面怎麼會沒有日期？

保　羅：您不能問卡拉基先生問題。那上面看起來沒有寫日期。卡拉基先生

　　在問您，您知不知道那個日期。

沙林傑：我不知道。我剛這樣問只是因爲——

卡拉基：所以，透過參考這封信及物證A的第一頁，您是否想起了您可能是

　　在什麼時候寄出這封信給——

沙林傑：我想不起來了，抱歉。

卡拉基：——漢米爾頓先生？

沙林傑：不，我想不起來。

卡拉基：您有沒有和蘭登書屋的任何人討論過這本傳記？

沙林傑：沒有。

卡拉基：您是否曾和哈羅德．奧伯事務所的任何人討論過這本傳記？

沙林傑：有。

卡拉基：您第一次和經紀公司的任何人討論這本傳記是什麼時候？

沙林傑：我想是我第一次從漢米爾頓那裡得知這本傳記的時候。

卡拉基：您能確切地記起時間嗎？

沙林傑：不。只記得在我收到他的信後不久。

卡拉基：所以那是在一九八三年八月之前的某個時間點？

沙林傑：我不知道，眞的。我想應該確實是這樣。

卡拉基：您記得自己是否就這件事與您的經紀公司的某個人電話討論或見面？

沙林傑：我想，有和人通過電話。

卡拉基：您記得是和哪位通電話嗎？

沙林傑：幾乎可以肯定是桃樂絲．奧爾丁。

卡拉基：您記得那次對話的重點嗎？

沙林傑：不，我不記得了。

卡拉基：您有將談話記錄下來嗎？

沙林傑：不，我沒有。

卡拉基：您和桃樂絲．奧爾丁就這本傳記進行了多少次談話？

沙林傑：我不知道。

卡拉基：所有的對話都是透過電話進行的嗎？

沙林傑：對。

卡拉基：除了桃樂絲・奧爾丁之外，您還有向哈羅德・奧伯事務所的任何人談論過這本傳記嗎？

沙林傑：在哈羅德・奧伯事務所的人嗎？

卡拉基：沒錯。

沙林傑：沒有。

卡拉基：您還記得您與桃樂絲・奧爾丁就這本傳記所進行的任何一次的對話重點嗎？

沙林傑：不，我不覺得我記得。

卡拉基：您是否在某個時間點知道這本傳記已經有樣書[6]了？

6　樣書（bound galley）：書籍出版前先行印製的樣書，用於提供書評家、經銷商以及部分讀者先行閱讀。較完整的樣書甚至會使用正式出版後的封面。

沙林傑：某個時間點？

卡拉基：是的。

保　羅：我認爲問題在於是否有一個時間點。您是否在某個時間點得知此事？

沙林傑：是，我想是的。

卡拉基：您記得那是什麼時候嗎？

沙林傑：不，我不記得了。

卡拉基：我要請記錄員將一本標題爲《待校對樣稿，沙林傑：寫作人生，伊恩．漢米爾頓著》的樣書標爲下一個物證。

保　羅：與此同時，我要要求將物證B標爲機密並將其密封。

卡拉基：這是可接受的。

（標題為《待校對樣稿，沙林傑：寫作人生，伊恩．漢米爾頓著》的樣書於今日標為物證B以資識別。）

卡拉基：沙林傑先生，我向您展示標爲被告方物證B以資識別，並請問您之前是否看過這份文件。

沙林傑：什麼文件？

卡拉基：您現在手裡拿著的。

保　羅：請問是以這種形式嗎，卡拉基先生？

卡拉基：沒錯。

沙林傑：不，我從來沒見過以這種形式呈現的此文件。

卡拉基：請您注意看物證B，特別是此物證從頭開始數的第三頁，您以前看過這頁以及此物證的其餘部分嗎？

沙林傑：我不確定——

保　羅：他是在說從這裡開始，從第三頁。

沙林傑：問題是什麼？

卡拉基：您之前看過嗎？

沙林傑：我不知道我是否見過完全相同的東西，但看過非常相似的。大概是同一個東西。我不清楚。

卡拉基：您什麼時候第一次看到此文件？

沙林傑：我不知道我究竟是什麼時候收到的。

卡拉基：您是從誰那裡收到的？

沙林傑：我的經紀人桃樂絲・奧爾丁寄給我的。

卡拉基：她是和信件一起寄給您的嗎？

沙林傑：她放在郵件裡寄給我的。

卡拉基：她寄給您的這份文件是否附有一封信？

沙林傑：有附一張字條，但我不記得上面寫了什麼。一些私事。

卡拉基：您留著那張字條嗎？

沙林傑：我不——沒有，我不認爲有。

卡拉基：您是什麼時候收到的？

沙林傑：我無法告訴你。我不清楚。你指的是確切的日期，沒錯吧？

卡拉基：是的。

沙林傑：不，我不知道。

卡拉基：桃樂絲是否曾告訴您，她從哪裡收到此文件的？

沙林傑：她說她從一個朋友那收到的。

卡拉基：您如何處理您收到的那份？

沙林傑：那份什麼？

卡拉基：您如何處理您從桃樂絲・奧爾丁收到的東西？

沙林傑：那個——校對稿[7]還是——

卡拉基：對。

沙林傑：我保留下來了。

卡拉基：您現在還留著嗎？

沙林傑：我想是的。

卡拉基：你讀了嗎？

沙林傑：是的。

卡拉基：您從頭到尾都讀了嗎？

沙林傑：是的。

---

7 校對稿（galley proofs）：校樣是供作者，編輯和校對人員審閱的紙本，通常是未裝訂的狀態。

卡拉基：您確定在您收到校對稿時，上面沒有類似於物證B的封面？

沙林傑：對——

保　羅：你說對。對，您確定稿件沒有封面？

沙林傑：我想是的。

卡拉基：您知道您收到的是複印件，還是與物證B相似，看起來是印前打樣稿的稿件？

沙林傑：這個，我不知道。

卡拉基：您從桃樂絲·奧爾丁那裡收到的文件現在在哪裡？

沙林傑：我家，在我家。

卡拉基：當您收到校樣的時候，您是否曾在上面做任何筆記或標記？

沙林傑：我可能有在一些地方畫底線。

卡拉基：您知道您是在哪些地方畫底線的嗎？

沙林傑：不，我不知道。

卡拉基：您知道您那時畫底線的目的嗎？

沙林傑：我現在一下子想不起來了。

卡拉基：您有和任何人討論過此校樣嗎？

保　羅：除了他的律師之外？

卡拉基：除了律師之外。

沙林傑：除了我的律師之外？

卡拉基：對。

沙林傑：沒有，我確定沒有。

卡拉基：從桃樂絲．奧爾丁那收到的校樣，您讀了多少次？

沙林傑：我收到多少次——

保　羅：您讀了多少次。

沙林傑：一次就夠了。

保　羅：對話不公開。

（討論不公開。）

卡拉基：您是否曾寄信給桃樂絲．奧爾丁，談論您所閱讀的校樣？

沙林傑：我不——我不記得了。

卡拉基：請注意看標爲物證B的封面，特別是上面的說明，我就此引述：「由於此爲未修正的校樣，日後請您將引用自此校樣的內容與成書對照無誤後，再進行刊載。」請問您今天之前有見過此說明嗎？

沙林傑：沒有。

卡拉基：在您說（您）收到的校樣頁面上面是否有此說明？

沙林傑：我不記得有看到。

卡拉基：我要要求出示證人收到且目前放在他新罕布夏州家中的校樣稿。

保　羅：我們將周密考慮。

卡拉基：您記不記得可能在收到的校樣稿上做了什麼筆記或標記？

沙林傑：不。

保　羅：我相信證人已經提供證言，表示他可能有在一些部分畫底線。我想您的問題撇除了他之前的證言。

卡拉基：沒錯。（對著沙林傑）您在閱讀桃樂絲．奧爾丁寄來的校樣時，是否曾做任何筆記？

沙林傑：沒有。

卡拉基：我之前問過您，是否與律師以外的任何人討論過此校樣稿，而您回答沒有？

沙林傑：沒有。

卡拉基：您是否就您在收到的校樣中閱讀的內容，與您的任何信件或其他作品進行了比對？

保　羅：您問的是，他是否曾在任何時候進行了如此的比對，還是在他收到——

卡拉基：我們將問題拆解開來——

保　羅：——校樣稿的時候——

卡拉基：首先，在您收到校樣稿時，您是否就您在之中閱讀的內容與您的任何著作進行比對，並準備了對照的結果？

沙林傑：再講一次。

（朗誦問題。）

沙林傑：你所說的「準備」是什麼意思？

卡拉基：您是否以書面形式記下了您的比對結果？

沙林傑：沒有。

卡拉基：您是否曾以書面的形式比對您的任何一部作品與您在桃樂絲．奧爾丁交給您的校樣稿中讀到的內容？

保　羅：卡拉基先生，您知道，有一份物證附加在他的宣誓陳述書後——

卡拉基：我想知道他是否準備了比對的書面資料。

保　羅：「準備」是指他親筆寫出來，或是以任何方式參與比對書面資料——

卡拉基：我們先從證人是否手寫這個問題開始。

沙林傑：手寫出什麼？

保　羅：卡拉基先生指的是附於您宣誓陳述書後的物證，也就是您的信件與校樣稿內容的比對資料。

沙林傑：沒有。

卡拉基：讓我標示下一個物證爲物證C——且能夠以同樣的保密規則處理，此物證爲沙林傑的某些信件與漢米爾頓先生傳記的文本比對文件。在諸位都理解這份文件會受到保密處理的情形下，我將它標示爲物證。

保　羅：並且密封。我希望紀錄能夠反映出您對此文件的敍述是準確的，但是在您就修改後的物證B校樣稿以及物證C的比對資料向證人提問的情況中，可能有所差異，就我的理解，比對資料在現在是物證C的文件中——但其實，我要收回這句。我不清楚這份文件是什麼。

我希望記錄能夠反映您對此文件的描述是準確的，但在您向證人詢問的修訂頁校樣（即附件B和現在的附件C中的比較材料）方面可能存在差異，據我了解是——實際上，我撤回了這一點。我不知道這是哪個。

（沙林傑先生的某些信件與漢米爾頓先生的傳記著作之文本比對紀錄，於今日標為被告方物證C以資識別。）

卡拉基：沙林傑先生，我向您展示標爲物證C的文件，也就是一份您的某些信件與漢米爾頓傳記著作的校樣的比對資料，然後我想請問您，這份文件是您自己準備的嗎？

沙林傑：準備這份嗎？

卡拉基：沒錯。

沙林傑：不是。

卡拉基：您知道是誰準備的嗎？

沙林傑：我知道是誰準備的嗎？我推測是我的律師們準備的。

卡拉基：在這份文件被提交給法院之前，您有沒有看過？

沙林傑：沒有。喔，有，這份。對不起。我看過這個。

保　羅：證人的記憶有效，但我不希望紀錄不精確。沙林傑先生，這是一份附在您宣誓陳述書之後的文件。

沙林傑：是，是這份。我以爲你是指時機——

卡拉基：對於您從桃樂絲·奧爾丁收到的校對稿，您有沒有準備任何類似於物證C的文件？

沙林傑：準備？不，我沒有準備任何東西。

保　羅：我此刻有些困惑，也許紀錄是正確的，而我不是。但此未修改的校對稿——這個，物證B，是兩或三週前產出的，還是五月？

卡拉基：不。這是五月的校對稿。

保　羅：我現在的問題是，在我們的文件中，我們只是碰巧將五月的校對稿稱作五月的校對稿，然後將修改後的校對稿稱作此書的第二版。物證B這份文件是此書的第一版，是在五月某時產出的，這樣正確嗎？

卡拉基：爲方便起見，我們何不將物證B稱作五月校對稿。

保　羅：好的。（對著沙林傑）沙林傑先生，您是否明白，物證B這份文件就是您在五月收到的資料？

沙林傑：我不確定。

卡拉基：讓我問一下證人。（對著沙林傑）一九八六年五月左右，您有沒有從您的作家經紀人桃樂絲．奧爾丁那裡收到某份文件？

沙林傑：有。

卡拉基：那就是我們稱作漢米爾頓的傳記著作五月校對稿的文件嗎？

沙林傑：我不記得那份文件叫什麼，但我可以告訴你一件事，那份文件看起來是校對稿。這就是我能告訴你的。我一生中看過很多校對稿，那份文件在我看來就是校對稿。

卡拉基：您在收到校對稿的時候讀過嗎？

沙林傑：有，我讀了，我讀了。

卡拉基：您是如何處理那份校對稿的？

沙林傑：我收著。

卡拉基：您現在還將那份稿件放在新罕布夏州？

沙林傑：我相信是的。

卡拉基：就是那份你有做一些標記的校對稿嗎？

沙林傑：我在閱讀任何東西時，手裡會拿一隻鉛筆，我能告訴你的就是這樣，然後不管怎樣，讓我印象深刻的地方，我通常會畫線。除此之外，關於那份稿件，我不知道能告訴你什麼。

卡拉基：您說您會標註讓您印象深刻的地方，當您使用這樣的措辭，您指的是在行間作註、畫記號，還是說，您指的是（將文字）框起來？

沙林傑：我指的可能有很多種意思。我是個作家。

卡拉基：您還記得您在校對稿上所做的任何標註的目的嗎？

沙林傑：不，我想不起來我的標註是否爲了任何目的。

卡拉基：您是否將那些標記給任何人看過？

沙林傑：我不這麼認爲，沒有。

卡拉基：您是否曾將校對稿給誰看過？

沙林傑：校對稿本身嗎？

卡拉基：您放在家裡的那一份。

沙林傑：你指的是將那份稿子給某個人閱讀嗎？

卡拉基：對。

沙林傑：沒有。

卡拉基：除了您的律師外，您還有沒有和任何人討論過那份校對稿？

沙林傑：感興趣的朋友們。

卡拉基：那些感興趣的朋友們是誰？

保　羅：我們可以暫時停止記錄嗎？

卡拉基：好的。

（討論不公開。）

沙林傑：我的姊姊、我兒子、我女兒。我不明白這有什麼關係。我不喜歡在此事上提出人名。

卡拉基：就是這些人了嗎？

保　羅：您是否還有想到和誰討論過——那份我們正在談論的校對稿？

卡拉基：對。

保　羅：——五月校對稿。

沙林傑：沒有，我沒有想到其他人。

卡拉基：關於那份校對稿，您對您姊姊說了什麼？

沙林傑：我不記得我究竟對她說了什麼。

卡拉基：您是否告訴她，您對校對稿中任何您讀過的的部分有異議？

沙林傑：對校對稿中的任何部分？

卡拉基：對。

沙林傑：沒有。

卡拉基：您是否告訴她，您曾對校對稿有任何異議？

沙林傑：有。

卡拉基：您和她說了什麼？

沙林傑：我不記得我和她說了什麼。我明確表示我有異議。

卡拉基：就這一點來說，您記得您說了什麼嗎？

沙林傑：再說一次。

卡拉基：就這一點來說，您記得您說了什麼嗎？

沙林傑：不，我不記得了。

卡拉基：您和您姊姊的談話是當面談還是通電話？

沙林傑：是什麼？

卡拉基：當面談還是通電話？

沙林傑：通電話。

卡拉基：關於這個話題，您和她談了多少次？

沙林傑：就我記憶所及，一次。

卡拉基：那次對話是在您已經審閱過所謂的五月校對稿，或那前後進行的嗎？

沙林傑：再說一次。

卡拉基：那次對話是在您已經審閱過五月校對稿，或那前後進行的嗎？

沙林傑：我不確定。我想大概是的。

卡拉基：那您的兒子呢？您和他談過五月校對稿這個話題嗎？

沙林傑：有的。

卡拉基：關於五月校對稿，您和他說了什麼？

沙林傑：就只說我收到了那份稿件。

卡拉基：還有說什麼嗎？

沙林傑：還有我不贊同也不喜歡我看到的內容。

卡拉基：您是否曾告訴他您是哪方面不贊同？

沙林傑：不，我沒有。

卡拉基：您是否曾告訴他您爲什麼不喜歡那本傳記？

沙林傑：我沒有告訴他任何細節。

卡拉基：就這方面，您和您的兒子談了多少次？

沙林傑：我不記得了。

卡拉基：多於一次嗎？

沙林傑：我不覺得。

卡拉基：您是否曾寄一份校對稿的複印本給他？

沙林傑：沒有。

卡拉基：您是否曾寄一份校對稿的複印本給您的姊姊？

沙林傑：沒有。

卡拉基：您是否曾寄關於此校對稿的信給您的姊姊？

沙林傑：沒有。

卡拉基：您是否曾寄關於此校對稿的信給您的兒子？

沙林傑：沒有。

卡拉基：關於您的女兒，您告訴我們您和她談過一次校對稿的事。

沙林傑：就只談過我收到了。

卡拉基：您是否曾說您對校對稿有異議？

沙林傑：我告訴她的，一定和我告訴我兒子的一樣。

卡拉基：您對您姊姊說的和您對您兒子說的是一樣的事嗎？

沙林傑：就我記憶所及是這樣。

卡拉基：當您收到校對稿時，您是否發現到之中提及了您先前寫的某些信件？

沙林傑：我收到的時候，是否意識到什麼？

卡拉基：您是否發現到校對稿中的內容提及了您先前寫的某些信件？

沙林傑：沒有，在我收到校對稿之前沒有。

保　羅：他說，收到稿子的時候。

沙林傑：我收到稿子的時候怎樣？

保　羅：您是否發現到校對稿中有寫到您所寫的某些信件？

沙林傑：嗯，我讀過校對稿，便清楚知道了。

卡拉基：那是您第一次發現那些信件的存在嗎？

沙林傑：你的意思是，我竟然寫了那些信這件事嗎？

卡拉基：嗯，那些信件存在的這件事。

沙林傑：就算我記得，也非常朦朧。那些信是很久以前寫的，我記得不清楚了。我就是在校對稿裡讀到了，就是這樣。

卡拉基：當您與您的姊姊談論到校對稿時，您是否以任何方式提到校對稿的內容提及了那些信件？

保　羅：我對此問題的形式有異議。

卡拉基：當您與您的姊姊談論到校對稿時，您是否談及了您所寫的信件？

沙林傑：我不記得有談到。

卡拉基：您是否談及了這本傳記如何描寫您？

沙林傑：不，我不記得有談到。

卡拉基：當您與您的兒子談論到校對稿時，您是否談及了您先前所寫的信件？

沙林傑：不，我不記得有談到。

卡拉基：您是否談及了這本傳記如何描寫您？

沙林傑：沒有。

卡拉基：當您與您的女兒談論到校對稿時，您是否談及了校對稿的內容提及了那些信件？

沙林傑：不。我與我姊的對話內容和我與兒子、女兒的相似。

卡拉基：今天您能記得的就只是您說了自己反對這本傳記嗎？

沙林傑：我說我不喜歡也不贊同這個傳記的主意。

卡拉基：您爲什麼不喜歡這本傳記？

沙林傑：我爲什麼不喜歡這本傳記？

卡拉基：是的。

沙林傑：這本傳記未經授權，且——並不是說它未經授權。這本傳記中充滿了——是就我自己讀這本傳記而言嗎？

卡拉基：是的。

沙林傑：這本傳記盜用了我的信件，我的私人信件。

卡拉基：您告訴了我們，您和您的兒子說您不喜歡這本傳記，然後我問您，您不喜歡這本傳記的哪一方面，您就告訴了我們有關信件的事。您不喜歡這本傳記的地方，是否還有其他除了——

沙林傑：您是指，我對我的兒子提到的？

卡拉基：對的。

沙林傑：不，我想沒有。

卡拉基：那對您的姊姊呢？

沙林傑：我想沒有。

卡拉基：那對您的女兒呢？

沙林傑：我想沒有。

卡拉基：當您和您的兒子談到這本傳記時，你記不記得自己實際上曾講到這本傳記提及或引用了您的信件？

沙林傑：我不確定有沒有講到。我不確定。

卡拉基：早在一九八三年，漢米爾頓先生曾寫信給您，告訴您他正在撰寫這本傳記，對不對，然後他請求——

保　羅：您剛剛是對他的問題表示肯定的答覆嗎？

沙林傑：嗯，他剛剛給我看了那封信，是的。

保　羅：沙林傑先生，您不能點頭。法院記錄員必須記下——

沙林傑：好吧，我盡力。

卡拉基：他那時請求採訪您，對吧？

沙林傑：就我記憶所及是這樣。我不確定。差不多是那樣的事，對。

卡拉基：而您拒絕讓他採訪您？

沙林傑：是的。

卡拉基：您爲何這麼做？

沙林傑：我爲何這麼做？

卡拉基：對。

沙林傑：因爲我更希望當時不要有人撰寫關於我的任何書。

卡拉基：在過去的二十五年裡，是否曾有其他人要求您接受採訪？

沙林傑：喔，有。

卡拉基：那您有接受任何人的採訪嗎？

沙林傑：在我知情的狀況下嗎？沒有。

卡拉基：您曾經在不知情的狀況下接受過任何人的採訪嗎？

沙林傑：顯然，有的。

卡拉基：您曾在那樣的狀況下，接受了誰的採訪？

保　羅：不好意思。我希望以下對話不公開，好讓我確定是否想要將這部分記錄標記爲保密記錄。在繼續之前，我要與我的客戶協商一下。

（討論不公開。）

保　羅：沙林傑先生將根據我們的協議回答此問題。此問題的答覆以及卡拉基先生可能就該特定主題提出的任何後續問題，將根據法院的指示被視爲機密，並予以密封。

卡拉基：您是否曾授權過自己的傳記？

沙林傑：沒有。

卡拉基：您是否曾被請求授權自己的傳記？

沙林傑：是。

卡拉基：您收到過含此類請求的信件嗎？

沙林傑：我想有的，有。

卡拉基：您留下那些信了嗎？

沙林傑：我不知道。我的文件夾裡可能有。我不知道。

卡拉基：您是否回覆了那些信？

沙林傑：我回信了嗎？

卡拉基：是的。

沙林傑：通常這些，這些信件的複印本，會送到我的經紀人那裡。一般而言，大部分那類的請求會先由我的經紀人先看過。

卡拉基：當您說「經紀人」，您是指哈羅德．奥伯事務所嗎？

沙林傑：具體來說是桃樂絲．奧爾丁。

卡拉基：哈羅德．奥伯事務所代理您多久了呢？

沙林傑：四十五年。

卡拉基：哈羅德．奥伯事務所是否根據書面協議服務於您？他們是否根據書面協議擔任您的代表行使經紀事務？

沙林傑：對，是的。

卡拉基：您記得您第一次和哈羅德．奥伯事務所簽訂書面協議是什麼時候？

沙林傑：我不認爲我有和哈羅德．奥伯事務所簽過書面協議。

卡拉基：您現在和該事務所之間沒有書面協議嗎？

沙林傑：不。他們只是——這是關乎信用的事，眞的。他們只是作爲我的代表。

卡拉基：在哈羅德・奧伯事務所作爲您代表的期間，您是否曾在美國接受過任何其他作家經紀人的服務？

沙林傑：沒有。

卡拉基：哈羅德・奧伯事務所是否經手收取任何因您之前發表的任何作品所應支付給您的版稅？

沙林傑：所有的版稅都會先交給事務所。

卡拉基：關於您所有以前發表的作品，據您所知，您是您所創作及發表的作品的版權所有者嗎？

沙林傑：據我所知，是的。

卡拉基：您是否曾將您任何作品的版權權益授予您以外的任何人？

沙林傑：據我所知，沒有。

卡拉基：您是否曾轉移任何版權權益給您的任何一位小孩？

沙林傑：沒有。

卡拉基：您是否曾轉移任何版權權益給您的妻子？

沙林傑：沒有。

卡拉基：您是否履行過任何形式的信託協議，在有生之年將任何版權權益轉移給其他任何人？

沙林傑：沒有。

卡拉基：據您所知，是否有任何個人享有您任何文學作品的財務權益或財產權益？

保　羅：我要對此問題的形式提出異議。您是否打算將經紀人以及可能該支付給經紀人的抽成比率，包含進問題中？

卡拉基：除了照慣例有權獲得10％或15％的作家經紀人之外——

沙林傑：沒有。

卡拉基：——是否有其他人享有您作品的財務權益或財產權益？

沙林傑：外國經紀人也會收到一小部分。

卡拉基：你讀過伊恩・漢米爾頓先生以前出版的任何作品嗎？

沙林傑：讀完一整本嗎？

卡拉基：對。

沙林傑：沒有。

卡拉基：您是否讀過由他撰寫的（羅伯特）羅威爾[8]的傳記，那本詩人羅威爾的傳記？

沙林傑：我翻閱過。

卡拉基：您什麼時候翻閱的？

---

8 羅伯特・羅威爾（Robert Lowell）：一九六〇年代美國最知名的詩人，曾獲普利茲獎、國家圖書獎（National Book Award）。

沙林傑：當時那本書放在書店的書架上。

卡拉基：您記得您什麼時候翻閱的嗎？

沙林傑：不。

卡拉基：您翻閱那本書的時間，是在您得知漢米爾頓先生正在撰寫您的傳記之前嗎？

沙林傑：我回答不出來。我不知道。

卡拉基：您記得您是爲了何目的翻閱的嗎？

沙林傑：沒有，只是逛書店的時候翻了幾頁。

卡拉基：您之前曾表示，在您查看漢米爾頓先生的傳記著作的五月校對稿時，您第一次意識到您某些信件的存在，對嗎？

沙林傑：您能再說一遍嗎？

（朗讀問題。）

沙林傑：對不起。我就是不清楚意思。您說的「某些信件」是什麼意思？

卡拉基：您寫給第三方的信件。

沙林傑：你是說寫給我兒子以及——之類的？

保　羅：不。這不是卡拉基先生的意思。

您之前作證說，您是在閱讀五月校對稿時，第一次意識到校對稿中提及的那些信件的存在。卡拉基先生只是希望您確認您所說的是不是這樣。

沙林傑：我想是的。

卡拉基：您是否曾與任何人就您一生中所寫、且仍保存下來的任何信件，簽訂任何合約？

沙林傑：沒有。

卡拉基：您是否曾透過協商達成任何授權合約，允許任何人使用您有生之年所寫的任何信件？

沙林傑：沒有。

卡拉基：您目前有計畫出版任何一生中所寫的信件嗎？

沙林傑：沒有。

卡拉基：您是否曾針對出版您一生中所寫信件的可能性，寫信給哈羅德・奧伯事務所？

沙林傑：不曾。

卡拉基：您是否打算出版任何您所寫的信件，在這一生中？[9]

9　原文的"during your lifetime"易讓人混淆，因此中文也譯爲語意模糊的樣態。

沙林傑：不。

保　羅：等一下。問題是，您是否打算在您的有生之年出版那些信件，還是您是否打算出版您一生中寫的任何信件？[10]

卡拉基：您目前是否有計畫出版您一生中寫的任何信件？

沙林傑：不，我沒有，不。

卡拉基：您是否曾與任何人討論過出版您一生中所寫的信件的可能性？

沙林傑：不會。

卡拉基：您是否曾與任何人討論過您不會出版自己一生中所寫的信件？

沙林傑：不會。

卡拉基：您的經紀人是否曾建議您可以考慮出版您所寫的信？

10　由於提問語意模糊，因此保羅特協助沙林傑釐清，是否有意「在有生之年」（during your time）出版信件，或是否有意出版「一生中」（during your lifetime）的信件。

沙林傑：不曾。

卡拉基：是否曾有人曾建議您可以考慮出版您所寫的信？

沙林傑：沒有。

卡拉基：是否曾有人曾向您提出引用您任何一封信的請求？

沙林傑：沒有。等一下，我不確定。過去可能曾有某個人請求過，那個人當時在寫一本關於另一個人的書，而我認識他在寫的主要人物，但我一下子想不起來請求的人是誰，或是當時的情況如何。我已經活了很長的時間，碰過很多人。我只知道這樣。

卡拉基：在當時的情況，您還記得您是否允許了信件的引用？

沙林傑：我記不得了，不。

卡拉基：所以您不記得您允許了還是沒有？

沙林傑：不記得。

卡拉基：您知道您的某些信件存放在美國的各個圖書館嗎？

沙林傑：是。

卡拉基：您是什麼時候第一次意識到這一點？

沙林傑：透過——我想我可以說，是透過漢米爾頓校對稿上的文獻目錄。

卡拉基：在您閱讀漢米爾頓校對稿上的文獻目錄之前，您是否不知道您有任何信件存放在圖書館中？

沙林傑：是。

卡拉基：當您意識到這些信件被存放在不同的圖書館時，您自己是否與這些圖書館的任何人談過這件事？

沙林傑：沒有。

卡拉基：您自己寫過信給那些圖書館嗎？

沙林傑：沒有。

卡拉基：除了律師之外，您曾讓任何人寫信給那些圖書館嗎？

沙林傑：沒有。

卡拉基：除了律師之外，您曾讓任何人打電話給那些圖書館嗎？

沙林傑：沒有。

卡拉基：您曾打電話給任何可能使那些信件被存放於圖書館的人嗎？

沙林傑：我曾什麼？

卡拉基：您曾打電話給任何可能使那些信件被存放於圖書館的人，或和他們說過話嗎？

沙林傑：沒有。

卡拉基：您要求過任一圖書館將哪些信還給您嗎？

沙林傑：沒有。

卡拉基：您曾向任一圖書館詢問過可能接觸到那些信件的人的姓名嗎？

沙林傑：我沒有和圖書館聯繫過，沒有。

卡拉基：現在，沙林傑先生，我要做的就是就本案中有爭議的各信件向您提問，我們能做的就是密封這部分，因爲我將標記每封信件，然後問你一些關於這些信的問題。

沙林傑：「密封」是什麼意思？

保　羅：意思是按照法院的指示。這部分的記錄不會公開，可以嗎？

沙林傑：可以。

保　羅：卡拉基先生，現在方便短暫休息一下嗎？

儘管此文字記錄的其餘部分被密封起來，沙林傑的一些評論還是被公開於世了。他稱很久以前寫這些信的那個年輕沙林傑爲「粗俗」、「幼稚」及「熱情洋溢」。他說：「我希望……你可以閱讀四十六年前寫的信。讀來相當痛苦。」當被問及年輕的沙林傑多常寫信給朋友時，老沙林傑回答說：「不算太頻繁？我不知道。」

法官最初讓漢米爾頓的傳記著作繼續出版，但沙林傑的上訴成功阻止了此事。

而美國最高法院則拒絕審理此案。漢米爾頓重寫了他的書，納入了此訴訟案件和他對於沙林傑被澆熄的熱情。一九八八年出版的《尋找沙林傑》（*In Search of J. D. Salinger*）的評論不溫不火，銷量不佳。漢米爾頓的職業生涯並未再獲成功，並於二〇〇一年去世。

FIRST CODA

STANDING IN FOR SALINGER

CONFESSIONS OF J.D.'S ONE-TIME LETTER WRITER

尾聲一
頂替沙林傑
沙林傑前書信代筆人的自白

喬安娜．史密斯．拉科夫（Joanna Smith Rakoff） 撰

《書誌》（*BOOK MAGAZINE*）*

二〇〇二年九/十月號

*此刊物已於二〇〇三年停刊，更名為《邦諾選書》（*Barnes & Noble Presents Book*）。

如果你眞的想聽，如果你眞的想了解，我是如何以及爲何在我可貴人生中以傑羅姆．大衛．沙林傑（他的朋友叫他傑瑞，書迷叫他沙林傑）的身份度過了一年，那麼你將需要做一些該死的功課了。如果你願意的話，在腦海中想像一張美國東岸的地圖。在海岸的中途，你會發現北卡羅來納州的溫斯頓—莎勒姆（Winston-Salem），那裡的空氣永遠帶著一股淡淡的菸草甜味。在市區內的某處，也許是在舊莎勒姆（Old Salem）的一條狹窄街道上，坐落著一棟四房的維多利亞式屋子，剛翻修過，周圍種滿了木蘭及杜鵑花。在這間房子裡住著一個男孩——一個我不認識、從未見過、永遠不會遇見的男孩——而這就是你必須仔細注意的人。今晚，他坐在臥房裡的深色木桌前，皺巴巴的制服脫了一半——仍穿著藍色牛津鞋、灰色法蘭絨褲——正試圖爲他的英文課寫一篇故事。雖然他看起來與學校裡的其他男孩沒什麼差別，但他極其明顯地不像這些整天想著橄欖球、長曲棍球與大學入學考試的男孩。他剛剛讀完第三遍《麥田捕手》。他十六歲。

現在，用你的手指沿著地圖一路往上畫，然後停在紐約市，我們這位來自北卡羅來納州的男孩從未到訪過的一個地方。對於這座城市，他大部分所知都是從《麥田捕手》及他另一本最愛的小說《大亨小傳》搜集而來。他想像著一間間煙霧繚繞的屋子，塗著紅唇的瓦薩學院女孩在酒吧喝著不倒翁杯裝著的威士忌，計程車司機講著風趣的玩笑話。他想像不到布魯克林是什麼樣子，尤其是一間破舊後屋[1]裡的小公寓房——一間沒有暖氣、廚房裡沒有水槽的公寓房。住在那間公寓房裡的那個女孩都在破爛的粉色浴缸裡洗碗。她比男孩大不了多少，兩人差個六、七歲。她像四〇年

1　後屋（back house）：主建築後院的屋子，通常用作廁所、傭人房或倉庫。

代的電影明星一樣塗著紅唇，穿著蘇格蘭紋短裙、成套的針織衫與針織外套，以及樂福鞋，並想像自己如法蘭妮．格拉斯一樣，是「一個慵懶、品味高雅的人」，即使她也會穿著破爛的和服袍在浴缸前彎下腰刷鍋子。每天早上，她都會從她髒髒舊舊的社區乘坐地鐵，然後出站，通過中央車站繁星點點的天花板，那裡離麥迪遜大道她工作的辦公室有幾個街區遠，自霍爾頓．考菲爾德在城裡漫遊，尋找約會對象的日子以來，她的辦公室幾乎沒什麼改變。

最後，你需要到新罕布夏州，在那裡，一個高大、深色眼睛的男人會在他簡樸的木框架屋的後室裡冥想。他現已八十多歲，耳朵幾乎聽不到了，但享受著他的日常生活：每天早上，他起床，吃早餐，吻別他的妻子，然後前往他的書房，他在那裡冥想，且據說還在那裡寫作。他是個佛教徒、素食主義者，但他的父親生前卻靠加工肉品事業謀生。他的妻子比他小三十歲，是當地醫院的護士。她喜歡織掛毯，而他喜歡看電視。他們農場住宅的屋頂有一個盤型衛星信號接受器。每隔五年左右，他便會造訪紐約，這座他出生、成長的城市，這座在他筆下，讓幾代讀者感到親密——且古怪地浪漫——的城市。他現在討厭這座城市，但他必須來，必須與他的經紀人見面，確保她以他喜歡的方式處理他的書籍業務。他會來到她的辦公室，接著他和他的經紀人會出去吃午飯。他會向那位協助他經紀人、低聲講話的女孩打招呼，那個女孩會回答他關於版稅以及合約的問題，在他不想使用他妻子買給他的特殊擴音電話的那幾天，她會重複她的回答三、四次。這個女孩留著深色頭髮，穿著格子羊毛裙，塗著紅色口紅。

那個人，你已經知道了，是傑羅姆．大衛．沙林傑。

那個男孩，我們稍後再說。

那個女孩，當然，是我。

幾年前的那一天，沙林傑帶著苛刻的善意握了我的手，我感到無以倫比的興奮——不是因爲我遇到了這位隱居的作家，而是因爲我擁有一個秘密，一個奇怪而愚蠢的秘密，如果這個秘密被這個用雙手握了我右手、出奇和藹的老人發現的話，我想，也許會導致某種憤怒的場面，且我會失去我古怪而心愛的工作。你知道的，我以一種小而無害的方式扮演了沙林傑先生的角色。

在那一年——一九九六年，也就是沙林傑年——我剛從英文博士班休學，渾身洋溢著自以爲是年輕知識分子的感覺，想像著未來的我就是現代的蘇珊・桑塔格[2]或瑪麗・麥卡錫[3]。我在重點新書聚會上喝酒，閱讀湯瑪斯・品瓊[4]、馬丁・艾米斯[5]、約翰・多斯・帕索斯[6]如迷宮般曲折難懂的長篇小說。我讀過威廉・福克納[7]、珍・瑞斯[8]、瓊・蒂蒂安[9]以及珍・鮑

---

2 蘇珊・桑塔格（Susan Santag）：美國作家、文學評論家兼哲學家，代表作有《論攝影》（*On Photography*）及《旁觀他人痛苦》（*Regarding the Pain of Others*）。

3 瑪麗・麥卡錫（Mary McCarthy）：美國作家兼評論家，代表作有《群體》（*The Group*）。

4 湯瑪斯・品瓊（Thomas Pynchon）：美國小說家，以撰寫晦澀難懂的後現代小說著稱。

5 馬丁・艾米斯（Martin Amis）：英國作家，其經典作品《錢》（*Money*）被《時代雜誌》評爲百大英文小說。

6 約翰・多斯・帕索斯（John Dos Passos）：美國小說家兼藝術家，小說代表作有《美國》三部曲。

7 威廉・福克納（William Faulkner）：一九四九年諾貝爾文學獎得主，美國現代文學最重要的作家之一。

8 珍・瑞斯（Jean Rhys）：二十世紀後殖民女性文學作家，其代表作《夢迴藻海》（*Wide Sargasso Sea*）改寫自著名文學作品《簡愛》（*Jane Eyre*），描寫《簡愛》男主角羅切斯特第一任太太的故事。

9 瓊・蒂蒂安（Joan Didion）：美國小說家、散文作家，曾任《時尚》雜誌（*Vogue*）專題編輯，並以其特別敘事風格成爲「新新聞主義」（New Journalism）先驅。

爾絲[10]的作品——他們淒涼、殘酷的風格與沙林傑令人難以忍受的可愛形成了鮮明的對比，沙林傑激烈古怪的世界觀總是讓我有點惱火。我的父母擁有他的全部作品。

然而在職場上，我只有沙林傑。每天，我都會接到狂熱的粉絲、好奇的記者以及偶有的無知學者打來的電話（「沙林傑先生有興趣到卑爾根社區大學畢業典禮上演說嗎？」）在哈羅德．奧伯事務所工作一兩個月後，事務所其中一位作家經紀人來到我面前，扔了一堆信件到我的辦公桌上。他解釋說這些是沙林傑的信件。直到我適應了這份工作前，他一直幫我保管它們——過去幾個月收集的信件。回覆這些信是我的責任。

我看了看這些信的信封。許多封是用手寫或顯然是古老的打字機打出

10　珍．鮑爾絲（Jane Bowles）：美國作家兼劇作家，一生著作產量雖然不多，在文學與劇作界仍享有盛名。

來的，還有不少封來自海外。這種單薄的、粉彩色的航空郵件信封讓我產生一種特別符合沙林傑強烈懷舊世界的印象。拆開信，我發現了不同的信圍繞的都是同一個主題：書迷們寫道，霍爾頓．考菲爾德是文學作品中唯一眞正像我的角色。而你，沙林傑先生，肯定和霍爾頓．考菲爾德是同一個人。因此，你和我應該做朋友。「如果你回信告訴我，我是個混蛋，我會狠狠地踢你一腳！」一位寫信人興奮地寫道。「我媽媽說你不會回信，」一個小女生寫道，「但我告訴她你會的。我知道你會的，因為你懂被騙子包圍是什麼感覺。」當然，沙林傑不會回信。

除了這些信件，我還拿到了幾份皺巴巴、泛黃的回信範本。這幾份於六〇年代擬寫的範本具備著電子郵件還未出現時的書信僵硬形式：親愛的某某小姐，非常感謝您最近來信給J．D．沙林傑。然而如您所知，沙林傑先生並不希望收到讀者的來信。因此，我們不能將您的好意轉告給他。

感謝您對沙林傑先生作品的關注。

在接下來的幾天裡，我盡職盡責地回信，更新並使奧伯事務所的回信樣板個人化（將「小姐」改爲「女士」，在一些地方補上「抱歉」一詞）。過了幾個星期，我越來越清楚，沙林傑的書迷與其他作家的愛好者不同。他們對沙林傑的愛就像一個少女對她最喜歡的流行歌星如癡如醉的迷戀。這些書迷橫跨所有年齡層、國籍、階級、種族及性向。至少有一半的人明確表示，他們從來不會寫信給作家，而且他們知道沙林傑可能不會收到他們的信，即便在某個出乎意料的機緣下，他收到信了，他也不會回信——但他們仍然希望，就是有一種該死的感覺，也許他會回信。沙林傑的書迷很聰明。他們與周圍格格不入。而且，儘管他們擺出一副憤世嫉俗的姿態，但他們喜歡霍爾頓的地方，不僅是他自以爲聰明的牢騷，或他抗拒順應大人的期望，而是他無可救藥、不諳世事的天眞，以及他徹底的理想主義。如果霍爾頓要寫一封信給沙林傑，他也會無比希望那個暴躁的隱士會因爲某種原因，以某種方式，回一封該死的信給他。

戴著紅色狩獵帽的霍爾頓．考菲爾德是終極浪漫份子。

而塗著紅唇的我，也沒什麼不同。

在我巨大的木製辦公桌對面放著一個內崁的書櫃，裡面塞滿了沙林傑的書，封面樸素——沒有圖片，沒有作者的照片，正如在他的合約中規定的那樣——每一本都被翻譯成各種已知的語言。每天，當我爲我的上司繕打信件時，沙林傑作品聳直的書背都潛伏在我的視線餘光之中，每當我抬頭一看、做白日夢或伸懶腰時，它們都在那裡，猶如一道不變的屏風。不經意間，我記住了那些書名，並且開始在每晚閉上眼入睡時，看到那些書名特有的字體和顏色（芥末黃色、深紅色）。我的腦中會突然迸出那些書名，像是《西摩傳》、《九個故事》。

我想，也許我應該再給沙林傑一次機會。或者，不，我實際上並沒有這樣想，完全沒有直接這樣想。儘管我擺出知識份子的姿態，我都不是一個思想特別深沉的女孩。相反，我開始喜歡告訴其他人——我每個週末參加的派對裡的人——他們眞的應該重讀沙林傑，因爲他們會發現那些作品確實現在讀來也很好，雖然我不知道爲何自己也沒有重讀，他們不會相信沙林傑老兄都從書迷那收到什麼樣的信。「什麼樣的信？」他們會問，「和我們多說一點。」

然後我便會告訴他們那個用凱蒂貓信紙寄信的日本女孩——她寫了兩封信，一封日文，一封英文，她也許以爲沙林傑會日語，因爲他是如此聰明。我告訴他們有個瑞典人，歲數恰與沙林傑相同，他在《麥田捕手》剛出版的時候就讀過，並且從那以後每年都會重讀，如今終於決定寫信給沙林傑。我告訴他們，有些瘋狂的人會在髒兮兮的廢紙上寫下潦草、可怕的信寄過來——我稱這些人爲走歪的霍爾頓——那些無法脫離青春期憤怒的人。我模仿了他們效仿霍爾頓的怪異用語——他們大量地使用一九四〇年代的形容詞（「眞是絕妙！」）並大肆地取綽號（我的廢渣[11]史帝夫也非常喜歡《法蘭妮與卓依》），他們堅持在每個名詞加「超屌的」（helluva），（「我敢賭每個人都告訴過你，但《麥田捕手》是一本超屌的書」）。我告訴他們，那些女孩表達了對霍爾頓的愛，她們覺得這個男孩非常了解女孩。

我沒有告訴他們，也就是我認識的這些人，我回信的內容。

11　原文爲「crumb-bumb」，此詞出現於《麥田捕手》主角霍爾頓招來的妓女臨走前對他說的話：「再見，廢渣」（"So long, crumb-bum."）。

某個暮冬的早晨，來了一封手寫信。三張皺巴巴、被鉛筆暈得髒髒的紙上，擠滿了稚嫩、女孩子氣的字跡。寫信的人是一個討厭高中的大一新生。她討厭學校，尤其是英文課，她快要被當了（當然，她唯一喜歡的書是《麥田捕手》）。她說，如果她的英文課被當，她的母親會殺了她，所以她問她的老師是否可以做點什麼來提高她的成績。「你可以做一件事，」老師告訴她，「寫一封信給沙林傑，讓他回信。如果他回信，我就會給你A。」

「我真的需要這個A」，女孩寫道，「這會拉高我的平均成績，我媽現在成天生我的氣。我知道你懂。」

她當然知道他會懂。沙林傑這個人創造了一個吹噓自己是「你一生中見過最厲害的騙子」的角色。霍爾頓會錯過一個不用努力就能拿到A的機會嗎？實際上，他可能會；他對於通過賓斯預科學校課程的在意程度，就像沙林傑在意其書迷來信的程度一樣，或者，進一步說，就像沙林傑本人對於學業成績的在意程度一樣——如同霍爾頓，沙林傑，沙林傑也被多間高中退學。

我將椅子轉向我老舊的IBM電動打字機——當時奧伯事務所尚未進入數位時代——然後打出給這個女孩的回信，委婉地告訴她，擔心成績或她母親的怒火顯然不符合她英雄的精神。如果她想像霍爾頓一樣，她應該接受自己不及格的成績——自己承認這是自己應得的成績——並和她的母親說：去妳的。沙林傑會幫助這麼一個可憐的傻女孩嗎？不，他絕對不會。

那時，我已經讀過又重讀他的書——某一天晚上我工作到很晚，將幾本薄薄的平裝書塞進我的托特包——我確信自己知道沙林傑會或不會說什麼或做什麼。對於自己是多麼喜歡他的作品，我感到驚訝——他的作品一點也不矯情，事實上，在某些方面，它是黑暗的，就像珍·瑞斯的作品一樣黑暗和淒涼。身穿剪毛浣熊大衣的法蘭妮．格拉斯，臉色蒼白、有氣無力，努力打倒她人生中疲憊不堪的一切，尤其引起了我的共鳴。沙林傑喜歡誠實的女孩，喜歡解決世界上最棘手問題的女孩，喜歡著迷於聖人和烈士的女孩，喜歡法蘭妮這樣的天才女孩，而不是連自己的失敗都不能承認的愚蠢小女孩。「如果你想要拿到A——或者，至少，一個及格的成績——只有一個獲得它的方法，」我打著字，電動打字機像貓一樣嗡嗡作響，帶給我滿足感，「你必須學習並完成指派給你的功課。靠著投機取巧獲得的A絕對沒有任何意義。」

現在應該很清楚了，如果有一條界線——如果在糊裡糊塗地感興趣和反常地過度投入之間，有一條縫得不牢固的接縫——我肯定已經越過了。每天早上，郵件被扔在我的辦公桌上時，不管我當下在做什麼，都會停下來，拆開最新的來信。當我和我的朋友們一起嘲笑沙林傑的書迷時，儘管是輕輕地嘲笑，或當我獨自一人讀著他們的信時，我都有種要擔負責任的感覺，一種混合著憤怒與愛、輕蔑與同情、欽佩與厭惡的感覺。你知道的，這些人寫信給我——或者說寫給沙林傑，但由我閱讀——信上寫著他們的生活、他們的社交問題、他們的婚姻挫折。不久後，我開始寄發言詞激動的信，安慰一名母親，她的女兒年紀輕輕就死於某種不宜言明的疾病，生前喜歡〈抓香蕉魚的大好日子〉，並夢想成年後要寫一部小說。我開始偷偷帶走書迷的信件，在一天結束時緊張地將那些信塞進我的包包裡，不確定要如何處理它們，但很確定它們不應該被丟棄，這些關於人們生活的文件。

我想沙林傑也會做同樣的事情。法蘭妮、卓依、西摩以及霍爾頓也會，他們肯定也會這樣做。總是拿著她那一小本布封面的《朝聖者之道》（*The Way of a Pilgrim*）的法蘭妮會為這些信哭泣，會把這些信放進她塞了很多東西的小手提包裡，會一遍又一遍將它們摺起來再攤開來，直到它們的摺痕處裂開。

你現在可能想知道，我是否在寫給沙林傑書迷的信上簽上了自己的名字——或者如果我眞的假裝是沙林傑，在信紙的底部簽一個看起來像兩個圈圈的「J．D．」。如果我做的是後者，也許，這會是一個更好的故事，但是你知道，我完全相信沙林傑的神話——相信沙林傑有權徹底、完全不受打擾——因此，我必須以我的身份來寫信，對於自己作爲沙林傑的守門人、捍衛者及守護天使的角色，充滿喜悅，並以這些信幫助大家想起「沙林傑之道」。確實，我使用的是我自己的名字。有一次，一位二戰老兵回復了我的短箋，問我是否與他在服役時認識的另一個姓拉科夫的人有任何關係。這封信用一支漏水的藍色原子筆寫成，兩張純白色的信紙上字跡顫抖，讓我差點落淚。這個人寫了一封信給一位作家——一位從不回信的作家——他沒有收到回信，卻找到了一個女孩，他陸軍同袍的女兒或孫女，與他的過去、他讀《麥田捕手》的時期有所連結。我當時非常想回信說：「是的，那個人是我的父親」——因爲此情節本來很可能出現在某個充滿巧合與命定、尚未數位化的虛構世界裡，出現在沙林傑筆下有如老照片棕色調的紐約，在那裡，信件是理解的渠道，是發現的鑰匙。我保留了這封信，直到我找到時間打電話給我父親，問他是否認識上面提到的那個人，另一個姓拉科夫的人。但他不知道。

所以我沒有回信，就像我沒有再次回信給那個想輕易拿到A的女學生一樣，她在回信中咒罵我，對於我沒將她的信轉交給沙林傑感到很憤怒，甚至讓她更憤怒的是，我因她的努力而責備她。她問我說，我憑什麼批評她。我知道當一個十幾歲的女孩是什麼感覺嗎？她懷疑我是不是沒有年輕過，或者只是一個乾枯的老處女，除了斥責陌生人和干涉他們的事情之外就沒別的更好的事可做，就像她的英文老師一樣。我開始疑惑同樣的事情，或者類似的事情。我的生活有美好到我可以建議或安慰這個女孩以及其他像她一樣的人嗎？

對於沙林傑的書迷而言，書本並不如同我在讀博士班時學到的那樣，是要拆解的文本，也並非如我在大學裡所學到的那樣，是思想進步的跳板，也不是像我男友和他朋友一直說的，書本的企圖是要撕裂語言，挑戰讀者的資產階級舒適感。不，對於沙林傑的書迷來說，一本本書籍只是一個個可以居住的世界——一個個悲傷卻令人興奮的世界，在那些世界裡，聰明、有趣、失望的人們會討論各種概念、抽菸並且說出自己眞正的想法。沙林傑的故事不具備那種我們會與宏大敘事聯想在一起的起承轉合。

沒有結婚的情節，沒有共謀的情節，甚至沒有性愛情節；他的故事沒有眞正的懸念。取而代之的是，沙林傑只是向我們敍述各種想太多的人——加強版、高度敏感版的我們自己——各種處於生存危機中的人，不能忍受當代社會常規的人——像是霍爾頓、法蘭妮與西摩。他們這些角色還沒有從童年過渡到成年；他們抗拒安置在他們身上的各種期望，也抗拒作爲眞正的成年人必須扮演的角色。在沙林傑樂園——很像迪士尼樂園或夢幻島（Never Land）——作爲成年人的一切都令人恐懼。而面對這種恐懼，唯一適當的反應是坐在沙發上，對著一本小冊子哭泣，或者精神崩潰，或者自殺。

或者，可以躲在一間黑暗的辦公室裡，寫信給完全陌生的人。

或者，可以出版很多書，然後乾脆拒絕與世界有任何進一步的接觸。

或者，也可以沉迷於一位隱居的作家。可以開始將這位作者創造的人物視爲眞實的人。可以採用他們的說話方式和舉止，並戴上標誌性的紅色帽子。

或者，換個角度來看，也可以——如果碰巧是一個來自北卡羅來納州的男孩——坐在自己的房間裡，反覆閱讀《麥田捕手》，就如同這本小說中的主人翁坐在他的宿舍裡，閱讀伊莎·丹尼森[12]及湯瑪士·哈代[13]的作品。「眞的讓我驚豔的是，」霍爾頓解釋道，「當你讀完一本書，你會希望這本書的作者是你的好朋友，然後你想要的時候，隨時可以打電話給他。」我的朋友們，這就是我們所說的反諷。

半個世紀前，尚未隱居的沙林傑完美地表達了任何眞正的讀者在讀完

---

12 伊莎·丹尼森（Isak Dinesen）：丹麥作家，本名凱倫·白烈森（Karen Blixen），伊莎·丹尼森爲其筆名。代表作有《遠離非洲》（*Out of Africa*）、《芭比的盛宴》（*Babette's Feast*）等。

13 湯瑪士·哈代（Thomas Hardy）：英國詩人、小說家，代表作有《遠離塵囂》（*Far from the Madding Crowd*）。

一本好書後那種朦朧的感受：你希望那些人物就在你身旁，出現在你的床腳邊，準備進一步談論他們的困境。但在塑造這種情緒時，他基本上是在邀請他的讀者隨時打電話給他。就像沙林傑書迷的來信一樣，霍爾頓用了激將法，叫你與他進行對話。《麥田捕手》是一封情書，同時是一封情書以及遺書，它的作者懇求你——該死地懇求你——給他回信，將你自己融入故事中。但對於沙林傑來說，故事已經不同了。

至於那位北卡羅來納州的男孩呢？現在已經很晚了。他放下了他的《麥田捕手》平裝本。深紅色的封面邊緣已破舊磨損。他坐在他的新電腦前，輸入「親愛的沙林傑先生」。他解釋道，他剛讀完第三遍《麥田捕手》，這本書是一本傑作，大部分他讀的書都令他厭煩，大部分的作家都完全不真誠。

「我常常想到霍爾頓，」他寫道。「他就是會突然出現在我的腦海中，然後我會開始想著他和他的老妹菲比跳舞的場景，或是他在賓斯預科學校的廁所鏡前嬉戲胡鬧的樣子。一開始，我想到他的時候，我通常都會咧嘴傻笑。你知道的，想著他是個多麼有趣的人。但是後來，我通常就沮喪得要死。我想我很沮喪，是因爲我只有在情緒激動的時候才會想起霍爾頓。我有時會情緒相當激動。不過別擔心。我已經了解到，儘管可能很虛僞，但你不能到處向這個世界透露你該死的情緒。」

對，你不能輕易地對著全世界憂傷感懷——至少在青春期到來之後就不能了。那位來自北卡羅來納州的男孩是對的。但是你能寫一封信給沙林傑，解釋你對愛情和書本的看法，你能異常地有自信，想像沙林傑——就像他在最爲人所知的那張照片中的樣子，一頭黑髮及更黑的雙眼，熱情洋溢的笑容——讀著你的信，一邊微笑一邊讀著你將《麥田捕手》描述爲一本傑作，興奮地發現你同意他對《大亨小傳》中的蓋茲比（「多麼堅持不懈的傢伙啊！我眞的很喜歡他。」）和對女孩子的想法（「我以前在她們旁邊都緊張得要命，尤其是那些眞的很漂亮的。」），然後他會發現——眞是巧合！——你表達自己的方式和霍爾頓．考菲爾德差不多。

當眞正的沙林傑——他有著一頭稀疏的灰髮、茶托般大的雙耳，臉上帶著他一貫友善、自嘲的微笑——到訪我們的辦公室時，我和他握了握手（或者，事實上，是他握了握我的手），和他說了聲：「很高興認識你，」接著我順了順裙子，轉回身去繼續打字。那時，我的辦公桌上放著一封來自北卡羅來納州的信，兩張從雷射列印機紙列印出來、攤開來的紙，上面是整整齊齊打出來的字，結尾寫道：

我很快會再寫信給您。我等不及了。無論如何，我的想法是這樣的：如果我是那個把自己寫在紙上，然後以《麥田捕手》的形式出現的人，我會很高興有哪個混蛋有膽量寫一封信給我，佯稱（並希望）能夠做同樣的事情。

當我上司煙霧瀰漫的辦公室的門關上時，一個念頭從我腦海中掠過——如果我將這封信交給沙林傑呢？他起碼會被逗樂吧？我用左手拉開冰冷的金屬抽屜，撫摸著略顯破舊的幾張紙——我讀了好幾遍，不知道該如何回覆。我應該回信告訴他這封信讓我有多開心？我是否應該告訴他，如果他能完全投入，他肯定能做到沙林傑所做的——寫一本具開創性、受人喜愛的書？

到了午餐時間，我將這封信塞進外套口袋裡，在排隊買沙拉時又讀了一遍。三個小時後，我的上司一個人回到辦公室。我又讀了一遍這封信，想知道沙林傑是否會回來，將一些事情處理完。當然，他沒有回來。而且他——以及我的老闆——也從來沒有發現我以個人名義回覆寄來給沙林傑的信，我回覆了每封寄來給沙林傑的信，除了一封以外。我從來沒有回信給那位來自北卡羅來納州的男孩。但我保留了這封信，偶爾重讀一遍，想知道他是否曾再寫信給沙林傑。我沒有留下來查明這件事。一年後，我離開了奧伯事務所，自己成爲了一名作家。每一季我都會瀏覽出版社的目錄，看看那個男孩是否寫了那本他想寫的小說。如果他寫了，這會是一個更好的故事，對吧？

這就是我要講的全部。我可能可以告訴你，我離開奧伯事務所後發生的事情——我把我悲傷的住所換成了一間有大雙水槽的漂亮一房一廳公寓。然而，很多人，尤其是我的老朋友，他們曾想知道在沙林傑年，那一年我怎麼了，爲什麼我如此安靜、瘦弱和奇怪，他們現在仍會問我那些寄給沙林傑的信的事情，那些信對於我、對於世界意味著什麼，以及我認爲人們還在寫信給他嗎？

自從我離開後，那些接下我工作的人，那群願意爲了文學而幾乎無償工作的波希米亞青年們，他們會以我的方式回覆那些信嗎？霍爾頓會說，那都是些愚蠢的問題。你怎麼知道任何事物眞正的意義是什麼？或者在任何特定情況下其他人可能會做什麼？如果你想知道眞相，我不知道我是怎麼想的。在某些方面，我很抱歉我告訴了這麼多人關於沙林傑書迷的事，很抱歉之前在雞尾酒會上取笑他們，很抱歉沒有將他們的愛不公開地保留在打字機和我之間。我所知道的只是——再說一次，也許你已經猜到了；我已經告訴過你，我不是一個容易思想深沉的女孩——我所知道的只是，我有點想念他們。

SECOND CODA

BETRAYING SALINGER

I Scored the Publishing Coup of the Decade: His Final Book. And Then I Blew It.

尾聲二
背叛沙林傑

我取得了出版界破天荒的成功機會：他的最後一本書。
然後我搞砸了。

羅傑·拉斯貝瑞（Roger Lathbury）撰
《紐約》（*New York*）雜誌
二〇一〇年四月四日

我收到J．D．沙林傑的第一封信很短。當時是一九八八年，我先寫了一封信給他，向他提案：我希望我的小型出版社，奧奇西斯出版社（Orchises Press），能出版他的中篇小說《哈普沃茲一六，一九二四》。而令人難以置信的是，沙林傑本人回信了，說他會考慮。

《哈普沃茲一六，一九二四》是沙林傑偉大、神秘、未完全迷失的作品。此作品的形式是一封不斷離題的信，而這封長達兩萬六千字、從夏令營寄回家的信，是由七歲卻早熟得驚人的西摩．格拉斯所寫。在一九六五年六月十九日發行的《紐約客》雜誌中，這部中篇小說就佔了五十多頁；我那時十八歲，到現在我還留著我那本雜誌。除了制止侵犯他隱私的法院文件以外，這是沙林傑向世界發布的最後一篇著作，且從此之後，這篇作品便從未再出現過。

我有一個想法，沙林傑可能會因我的出版社規模小而覺得有吸引力。

（奧奇西斯出版社的總部設在維吉尼亞州亞歷山卓市〔Alexandria〕，當時大約已出版五十本書，主要是詩集以及再版的經典著作。）我在這封提案信件上寫了「新罕布夏州科尼許鎮，J・D・沙林傑收」，認爲郵局會知道該怎麼做。而郵局眞的知道。兩個星期後，我收到了一封短箋，署名「JDS」，上面寫說他會考慮我的提案。即使我當時不敢肯定沙林傑會推進此事，我還是欣喜若狂。但接下來便毫無音訊了。

八年過去了。一九九六年，代表沙林傑的哈羅德・奧伯事務所要求我提供出版品目錄和一些樣書。因爲已經過了很久了，我完全沒有將此要求和我的提案聯想在一起。但我現在知道，當時事務所正在審核我。那年五月，我度完假回家，發現哈羅德・奧伯事務所的負責人菲利絲・韋斯特伯格（Phyllis Westberg）的來信。她在信中一開頭寫道：「往下讀之前，您先坐下來可能比較明智……」

她總結了我與沙林傑先生的通信，並說他很快就會寫信給我。我在震驚中打了通電話給她，想要確認此事。韋斯特伯格警告我，這本書必須按照非常嚴苛的標準製作。（我記得當時在想，這代表要用F級書皮——最高等級的書籍裝訂膠印粗布。）

沙林傑爲什麼同意了？我想他選擇了我，是因爲我沒有追著他。自收到他回信後的八年來，我從沒有打擾過他。在業務上，我沒有咄咄逼人，惹他不快。

兩週後，我收到了一個很大的信封。上面的姓名、地址是用皇家牌手動打字機打出來的，就像一九八八年收到的那封短箋一樣。裡面是一封整頁的信函，且信的內容讓我驚訝不已。這封信就如沙林傑本人在隨意聊天，帶有罕見的親切、討喜語調，我想發行的《哈普沃茲一六，一九二四》便以這種語調爲特色，在信中，沙林傑表達了對於能找到發表此作品的方式，他感到非常愉快。他提議我們該會面一次，剛好（這可能是眞的嗎？）他不久後會到華盛頓特區附近，我們是否可能共進午餐？

那週晚些時候，我在辦公室，電話響起來了。「請找拉斯貝瑞。」「是我。」「我是沙林傑。」我嚥了口口水。「我，呃，我很高興您打來了。謝謝您的來信。」

然後J・D・沙林傑向我竭力介紹他寫的這部小說，好似一個無名小卒，說他認爲這是他寫作的高峰。「我不知道我是怎麼完成的。」當時，有種直覺叫我不要頌讚，那是多餘的。（我不是想出版這篇小說嗎？）他提議在國家藝廊（National Gallery of Art）吃午飯。在震驚的顫抖中，我安排了下一個星期三的時間。

那一周，我對照我的舊《紐約客》雜誌打出了《哈普沃茲一六，一九二四》的文字，並設計了一本我認爲可以滿足沙林傑要求的樣品書。我爲此作品提供了巒大的行距（印出的每行字之間的空間），這樣一來，便正如沙林傑所說的，「西摩可以呼吸」。這麼做使得書變厚了，解決了另一個問題。沙林傑告訴我，他非常希望書背上的字是橫式閱讀，而非直式閱讀，而這本書原本太薄，無法做到這點。

我制定規格時，故意不讓這本書看起來「很典雅」。在這之前，沙林傑很快便反對了我採用典雅一詞，對他來說，這意味著自戀及過度講究。他要求我使用的膠印粗布是圖書館用來重新裝訂破舊書籍的材料，僅具功能性而不美觀。這本書，《哈普沃茲一六，一九二四》，最初就是這樣的：直率、純粹。

當我到達國家藝廊時，沙林傑——很高，以七十七歲而言身材保持得很好，一頭銀髮，脖子上圍著一條藍色領巾——已在那裡等待。我們握了握手，穿過藝廊自助食堂的隊伍，在食堂中央找到一張桌子。就我們兩個男人，討論著從公事包拿出來的文件。他的聽力衰退，對此感到有些難爲情，但如果我向他靠過去，說話的聲音比平時大一點，他就能聽得到。沙林傑要我叫他「傑瑞」，讓我感到窘迫。我很緊張，但我們很輕鬆地便閒聊了起來。令人驚訝的是，他談到了我從不敢詢問的事情，比如他對傳記作家伊恩·漢米爾頓訴訟案的律師費感到不滿。他還貶斥了利特爾布朗出版社（Little, Brown），說他覺得這家自己從一九五一年合作的出版商完全不顧及他的感受，我決心讓他不會對奧奇西斯出版社有同感。不過，當我說：「我們可以開始談正事了嗎？」他便明顯地放鬆了。

我爲這部作品準備了兩種排版方式，而他挑選了我認爲他會選的那個。我們討論了書本製作的小細節。（要在頁首放小標題嗎？不。嵌在書背兩端的布帶？純海軍藍。「這個準不會錯！」沙林傑哈哈大笑地說。）封面上只會放書名及書名下方他的名字。不會有防塵書套。我展示給他看了書背的實體樣本，而當他看到橫向印刷的書名，他熱情地說：「喔，很棒。」

我坦誠，我的發行做得不怎麼好。他告訴我：「沒什麼比在達特茅斯書店（Dartmouth Bookstore）看不到我的書更讓我高興的了。」發行但不要全面發行！在我出版過的所有作家中，唯一只有他要求不要在書店放他的書。

我在文章中發現了一些不一致的地方，我向他提出來，害怕他會像獅子一樣發怒。但他還是很溫和地說：「不，不。我希望它保持原樣。」他回憶起當初在他的編輯威廉．肖恩（William Shawn）的車裡閱讀《紐約客》雜誌的校樣稿，而那時肖恩則參加了他兒子的預備學校的一個活動。

出版日期是什麼時候？這個日子我安排好了：「一九九七年一月一

日。」六個月後。

「那是我的生日。」

「我想我知道這一點。」事實上，我就是因爲這個原因而選擇了這一天。

我們總結了一些細節，並將我們的托盤拿去回收。我走一走停了下來凝視自助食堂外的瀑布流過緊靠玻璃牆的一組石階。突然間，沙林傑轉過身來。「你在看什麼？馬上回答，不要思考！」

我嚇了一跳，結結巴巴地說：「我喜歡那個瀑布。」他似乎鬆了口氣。片刻間我明白了：他是否以爲我停下來偷偷拍他？一位朋友後來告訴我，像這樣偷拍沙林傑的照片可以賣很多錢。

不過，我沒有考慮到錢的事，他也沒有。我們從來沒有談過預付款，且雖然他不希望這本書定價過高，但他還是慷慨地告訴他的經紀人，讓我在這本書上賺點錢。我計算出我能以十五．九五美元的價格賣這本書。

J．D．沙林傑婉拒了讓我載他一程的提議，精力充沛地穿過國家廣場（National Mall）。看著他離開，我既鬆了口氣，又難過，不知道這是否會是我們唯一一次見面。

接下來我便收到一連串沙林傑的來信。在這些信中，他非常坦率，甚至喋喋不休地談及他的家庭生活、社會觀察、他對火車旅行的抱怨、關於他自己的小笑話。他提到了自己正在寫格拉斯家族的故事，但沒有告訴我他在《哈普沃茲一六，一九二四》之後寫了什麼。而我當然也沒有問。

大約就在這個時候，我無意間邁出了打破整個協議的第一步。我申請了美國國會圖書館的出版品預行編目資料。

聽起來很單純。確實沒什麼意思。出版品預行編目資料就是印刷在版權頁上的資訊。這些歸檔紀錄是公開資訊，但我沒想到有人會注意到數千筆中的這一筆。這就像在雜貨店閱讀註冊碼清單：蘋果30、香蕉45、柳橙61。

隨著我們來回調整此書的製作規格，出版日期從一月延到了二月。雙方草擬了一項協議，規定《哈普沃茲一六，一九二四》必須在六月一日之前出版，否則協議將期滿終止。還有一項不尋常的規定：每冊將皆以零售價出售，無論是賣給個人、經銷商還是書店。沙林傑會如願以償地進行有限發行。畢竟，哪家商店會賣一本不賺錢的書？

沙林傑確實告訴了我一件事，他已經不樂意在封面上看到自己的名字，因此我們把封面上的作家名刪掉了。這將是一本極其簡樸的書。我們還發現，書背上的字太小，無法乾淨清楚地印在書皮的布上。沙林傑提議了一種新設計，讓字母對角線排列。此設計很糟糕：不美觀、難以閱讀、顯眼地怪異。當我對菲利絲·韋斯特伯格這麼說時，她只簡單地回我：

「羅傑，咬緊牙關撐下去！」

我撐下來了。我下訂了兩個樣品——書的封面，也就是外殼。十一月，我將其中一個寄到科尼許鎮，另一個留著。在僅僅幾週內，我們將使《哈普沃茲一六，一九二四》在各店上架。

然後我又犯了一個更大的錯。

我現在知道但當時不知道的是，出版品預行編目列表不僅是公開的，而且還會出現在亞馬遜網路書店上，即使是尚未出版的書籍也會列出。某個人在該網站上看到了《哈普沃茲一六，一九二四》，他的姊姊是德州阿靈頓一家當地報社《華盛頓商業周報》（*Washington Business Journal*）的記者。一天，我在喬治梅森大學教完課回到家後，她打來電話。

如今我似乎很清楚當時一切是如何發生的。後見之明總是很清楚。我記得那名記者告訴我，她將寫一篇關於奧奇西斯出版社和沙林傑的報導文章。她問了我一些基本問題，像是我如何讓沙林傑點頭答應、像是印刷量。我愚蠢地——雖說也是理智地——回答了大部分的問題。我比較了我們這次的印刷量與沙林傑早期書籍的印刷量，並提起了那些書名。我以爲我可以控制自己，但我的自負開始作祟。無論如何，這樣會造成什麼傷害？不過就是一份小小的報紙。

然後《華盛頓郵報》的某個人看到了這篇文章。一位撰稿人大衛・史崔佛[1]打來電話。一開始我拒絕發言，後來緊張地回答了幾個問題，例如我喜歡《哈普沃茲一六，一九二四》的哪些方面以及此書何時會出版。他也問了我是否見過沙林傑，而我至少對於這個問題守口如瓶。

一九九七年一月，《華盛頓郵報》刊出報導。我的電話幾乎要爆炸

1 即本書英文版之編輯。

了。報社、雜誌社、電視台、書商、陌生人、外國出版商、電影界人士紛紛打來。還有從南非、加泰隆尼亞、澳大利亞打來的電話。傳眞機用了一大堆紙。想要索取贈閱本的人的來函。（並不會有贈閱本。）想要採訪的人的來函。我盡可能地堅持回答「無可奉告」，但當被問及出版日期時，我給了答案——一開始回答是一九九七年三月，後來又回答更晚的時間。我堅持以十五．九五美元的價格提供給每個人：書店商、經銷商、連鎖店、水果攤，任何想要《哈普沃茲一六，一九二四》的人。

唯一沒有打電話給我的是沙林傑。我問過他的經紀人，一再得到同樣的答案：沒有消息。沒有他，我無法繼續推進，因爲我們還有太多細節懸而未決。

與此同時，對不打折規定感到氣餒的連鎖書店決定直接將這本書標高爲二十二．九五美元。我（從韋斯特伯格的提問）推斷，沙林傑認爲我抬高了價格，利用知名度獲利，並欺騙了所有人。我沒有，但我永遠無法確定他相信什麼。

到了一九九七年二月，我已經三個月沒有聽到任何消息，但我還沒有放棄希望。二月二十日，角谷美智子以《紐約客》雜誌的原文為基礎，在《紐約時報》上發表了一篇關於《哈普沃茲一六，一九二四》的苛刻評論。我無從得知，但這可能是最後壓垮駱駝的一根稻草。這篇文評與瑪麗．麥卡錫或任何其他評論家對沙林傑作品發表過的評論一樣毫不留情。

我很想寫信給沙林傑，但我知道這麼做沒有用。他一定對於我背叛他向媒體洩露甚至證實消息感到憤怒。我再也無法被信任了。我已經證明自己屬於沙林傑筆下主人公們所鄙視的粗俗、投機取巧的世界。

我們陷入了僵局，很快，合約的期限過了。六月一日，我失去了這本書。韋斯特伯格的辦公室當時告訴我，任何後續行動都將取決於沙林傑，就這樣。

有些人，當他們聽到這個故事時，都責怪沙林傑走了這麼遠卻退縮了，但我覺得這樣說很不公平。這些人希望沙林傑成爲某個不是沙林傑的人。《華盛頓郵報》也非問題所在。我知道該咎責的是誰。我本認爲自己可以公平公正地對待一個自己欽佩的人，之後卻讓他失望了。

最後，我只剩下一個盒子。裡面裝著膠印粗布的樣品套以及用於蓋在書背上斜線排列的書名印模。裡面還裝著一堆美好、親切的信件，來信的這個人對讀者的意義不亞於任何作家。我已經好幾年沒看過那些信；重讀它們太痛苦了。我也不會賣掉它們。至少，我可以做到這件事。

採訪、撰文者簡介

大衛・史崔佛（David Streitfeld）

《紐約時報》記者，曾獲普立茲獎。他是本書以及《馬奎斯：最後的訪談》（*Gabriel García Márquez: The Last Interview*）的編輯。

威廉・麥斯威爾（William Maxwell）

長期擔任《紐約客》雜誌的小說編輯，曾撰寫數本小說，包含經典著作《再見，明天見》（*So Long, See You Tomorrow*）。麥斯威爾於二〇〇〇年離世。

雪莉．布萊尼（Shirlie Blaney）

認識沙林傑時還是一名高中生。多年來不曾談及這段經歷。

拉西．福斯伯格（Lacey Fosburgh）

《紐約時報》的記者，針對沙林傑向多家販賣盜版沙林傑小說選集之書店提出訴訟一事，曾撰寫相關報導。福斯伯格於一九九三年離世。

葛雷格．赫里格斯（Greg Herriges）

撰有七部小說、一本短篇小說集，以及記敘他與沙林傑邂逅的《沙林傑：一段時光與一段旅程的回憶錄》（*JD: A Memoir of a Time and a Journey*）。他曾以紀錄片《T．C．博伊爾：故事的藝術》（*TC Boyle: The Art of the Story*）與《樂手：搖滾夢》（*Player: A Rock and Roll*

Dream）之編劇及製作榮獲極光獎（Aurora Awards）。赫里格斯現爲威廉雷尼哈珀學院英文教授，居住於伊利諾州迪爾菲爾德（Deerfield）。

麥可·克拉克森（Michael Clarkson）

撰有八部非虛構著作，包含《聰明的恐懼》（*Intelligent Fear*）及《敢死時代》（*The Age of Daredevils*）。克拉克森會向各組織發表恐懼與壓力相關的演說。他與妻子珍妮佛現居於安大略省伊利堡（Fort Erie）。

貝蒂·埃普斯（Betty Eppes）

長期擔任《巴頓魯治倡導報》記者，現已退休。

喬安娜·史密斯·拉科夫（Joanna Smith Rakoff）

撰有回憶錄《我的沙林傑年》（*My Salinger Year*），此著作不僅爲國際暢銷書籍，也是法國《*ELLE*》雜誌二〇一四年雜誌讀者大獎（Grand Prix des Lectrices）決選入圍作品。拉科夫的另一部小說著作《幸運時代》（*A Fortunate Age*）則為高柏猶太小說獎（Goldberg Prize for Jewish Fiction）以及美國《*ELLE*》雜誌讀者大獎。此外，她也是《紐約時報》、《時尚》雜誌和其他許多刊物之撰稿人。

羅傑・拉斯貝瑞（Roger Lathbury）

喬治梅森大學（George Mason University）英文教授，教授美國文學、現代英詩，以及無厘頭散文與韻文。他自一九八三年開始經營奧奇西斯出版社，專門出版詩集、再版作品（其中一些是稀有版本的複製本）以及編選合輯，《哈普沃茲一六，一九二四》就是其中之一。他與妻子現居於亞歷山卓市（Alexandria），育有二女。

沙林傑：最後的訪談

J.D. SALINGER: THE LAST INTERVIEW

大寫出版｜書系古典復筆新｜書號HD0009｜

著　　　者　沙林傑
編　　　者　大衛・史崔佛
譯　　　者　劉議方
特約書系主編　黃少璋
美 術 設 計　張巖
行 銷 企 畫　王綬晨、邱紹溢、陳詩婷、曾曉玲、曾志傑
大 寫 出 版　鄭俊平
發　行　人　蘇拾平

發行　大雁文化事業股份有限公司
　　　台北市復興北路333號11樓之4
電話　（02）27182001
傳真　（02）27181258
大雁出版基地官網：www.andbooks.com.tw

初版一刷 ◎ 2022年11月
定　　價 ◎ 480元

ISBN 978-957-9689-84-7

國家圖書館出版品預行編目(CIP)資料

沙林傑：最後的訪談／沙林傑 著；劉議方譯
初版｜臺北市：大寫出版：大雁文化事業股份有限公司發行，2022.11
290面；15*21公分（古典復筆新；HD0009）
譯自：J.D. Salinger : the last interview.
ISBN 978-957-9689-84-7（平裝）

1.CST: 沙林傑（Salinger, J. D.）
2.CST: 傳記
3.CST: 訪談
785.28　　　111016874

古典復筆新